リスクに背を向ける日本人

山岸俊男＋メアリー・C・ブリントン

講談社現代新書

2073

目次

まえがき

著者の一人であるメアリー・C・ブリントンは、アメリカにおける日本研究のトップを走り続けるハーバード大学の社会学部教授であり、ハーバード大学への日本人留学生の激減に象徴される、日本人の内向きな姿勢に大きな危惧を抱いている。もう一人の著者である山岸俊男は、心と文化と社会の三つの側面から現代の日本が直面する問題の分析を進める中で、日本人のリスク回避傾向が今後の日本社会と経済にとっての大きな足枷《あしかせ》になるだろうと考えている。

本書は、こうした二人の著者の対談の形をとって書かれているが、その対談の中心となるテーマは、ニートやひきこもりに代表される若者の「リスク回避傾向」が、実は若者だけではなくて、日本社会全体を特徴づけているという点にある。

日本人に内向きな傾向が強まっているとか、日本人のリスク回避傾向が強いという点は、これまでにも多くの方々がすでに指摘していることで、本書がこれまでと同じことを繰り返すだけのものであれば、屋上屋を架すのそしりを免れないだろう。しかし本書で紹介されている二人の議論は、若者だけではなく日本人全体を特徴づけるこの「リスク回避傾向」の原因が、日本社会ではさまざまなリスクが大きすぎることにあるとしている点でユニークだと考えている。この点についての指摘は、これまであまりされてこなかったように思う。

常識的には、アメリカ社会のほうが日本社会よりもリスクが大きな社会だと思われているが、それはむしろ逆だというのが、二人の著者が共通して持っている理解である。

本書は、東京・音羽の講談社ビルで二人が行った対談をもとにして書かれているが、内容の理解を助けるのに必要な部分については、二人がそれぞれ肉付けをしている。ただし、対話の流れを崩さないよう、できるかぎり流れにそうかたちで肉付けを進めた。

本書を形のあるものにするためには、多くの方々のお世話になった。ここに記して感謝したい。

第一章でも紹介しているように、本書の企画と実現に際しては、講談社現代新書の編集者、岡部ひとみさんに大変なお世話になっている。岡部さんの励ましと行動力がなければ、本書の出版はあり得なかっただろう。また、対談の席には、岡部さんだけではなく、『新しい「教育格差」』(講談社現代新書)など教育問題を中心に数多くの著作を出版されている増田ユリヤさんにも同席いただき、対談の文章化にたいへんお世話になった。また、対談の席には、本書で何度も登場する、メアリー・C・ブリントンの娘エマちゃんも参加していた。大人の話を我慢して待っていてくれたエマちゃんにも感謝します。ハーバード大学社会学部研究助手の原裕子さん、北海道大学で社会心理学を学んでいる品田瑞穂さん、橋本博文さん、三船恒裕さん、堀田結孝さんには、この本で紹介されている対談の内容についてて有益なコメントをいただいた。ありがとうございます。

第一章　日本を覆う「リスク回避傾向」

日本の若者をめぐる問題

山岸　メアリー・C・ブリントンさんとは、私がワシントン大学の大学院に留学していたころからの古い友人です。最初にお会いしてから、もう三〇年以上がたってしまいました。その間メアリーは、シカゴ大学、コーネル大学を経て、ハーバード大学に移りながら、社会学とアジア研究の分野で、注目を集める研究を続けてきました。現在はハーバード大学で社会学部長の要職を務めながら、同大ライシャワー日本研究所の教授も兼務しています。

実は私が最初にメアリーと一緒にした仕事は、二人とも大学院の学生だった一九八〇年に、メアリーと共著で社会学の研究誌に発表した「日本の社会学と社会意識論」という論文です。それ以来メアリーとは親しい友人としてすごしてきましたが、一緒に仕事をすることはありませんでした。だから、本書は三〇年の歳月を経て、メアリーと私が二度目に一緒にする仕事です。

本書を二人で執筆するきっかけになったのは、メアリーが二〇〇八年にはじめて日本語で出版した『失われた場を探して——ロストジェネレーションの社会学』(NTT出版)という本でした。この本でメアリーは、一九八〇年代から九〇年代にかけて生まれた日本の若者を取り巻く環境の変化を、高校と企業との関係の変化という観点から、丹念に集めたデータをきれいに分析して見せています。私もこの本を自分のゼミで使ったりしていますが、もっと多くの方々に読んでもらいたい本です。そう思うのは、若者の意識と行動の変化を、労働倫理や「まじめさ」の喪失という、たんなる心の問題として理解することの無意味さをするどく指摘しているからです（この本については、本書の第二章で紹介しています）。

こうした基本的な視点は、私自身が多くの点で共有している視点です。私とメアリーは、『失われた場を探して』の出版後に、現代の日本が直面しているいくつかの重要な問題について話をする機会を持ち、そうした問題が、『失われた場を探して』でメアリーが述べていることと直接につながっていることを確認しました。同時に、それは私自身が一九九八年に上梓した『信頼の構造——こころと社会の進化ゲーム』（東京大学出版会）以来、一連の著作で取り上げてきた問題でもあるのです。

私自身は、現代の日本が直面している問題について、研究論文や専門書で議論するだけではなく、学者以外の一般の方々にも理解していただきたいと思ってきました。何といっても、こうした問題を解決するのは、学者ではなく一般の方々だからです。そう思って、一般の方々に向けて何冊かの本を書いてみましたが、いずれも、「読みにくい」というお叱りをいただいてしまいました。何とか分かりやすく書くように心がけたのですが、学者のくせである、正確さを求めるために文章がくどくなって読みにくいという限界を超えることができませんでした。

そうした問題や限界についてメアリーと話をする中で生まれたのが、「対談にしたらどうだろう」というアイデアです。対談では、相手が直感的に理解できるように話すことがたいせつなので、お互い、直感的に分かりやすい表現をするんじゃないか、だから、一般の方々にも分かりやすいんじゃないかというのが、二人がたどりついたアイデアです。

そこで、講談社で現代新書を担当されている岡部ひとみさんに対談のアイデアを持ちかけたところ、とても喜んでくださり、その企画を後押ししていただけることになりました。その結果生まれたのが、本書です。対談は二日間にわたって講談社ビルの一室で行ったのですが、その間、岡部さんが（学者からすると）とんでもない方向からの質問を投げ入れてくださったおかげで、学者の対談にありがちな、予定調和的な流れとはちょっと違う方向に話を進めることができたと思っています。本書が、分かりやすいだけではなく、多少なりともエキサイティングな内容になっているとすれば、それは岡部さんのおかげです。ありがとうございました。

メアリー　対談中は、山岸さんのことを、いつものように「としお」と呼んでいましたが、日本語の文章では何だかしっくりしないので、「山岸さん」と改めることにしました。山岸さんと、こうしたかたちで、また一緒にお仕事をできるようになるのはうれしいですね。

私が日本に初めて恋をしたのは、ずっと昔、そうですね、私がスタンフォード大学の学生だったときです。学部生のときは言語学を勉強していたので、言語と文化の関係という点から日本語に興味を持ちました。たとえば、お互いの上下関係をしっかり理解していないと話をすることさえできない、といった点です。

それで、大学三年生のときに日本現代史の授業を受けました。高校生のときには歴史が好きじゃなかったのに——実は今でもあまり好きじゃないんですけど（笑）。でも、明治の歴史はほんとうに面白かった。どうしてあんな短期間に、あれほど大きな変化が可能だったのか？　明治の元勲や学者たち——伊藤博文や福沢諭吉といった人たちですね——彼らは、西洋の文化のどの部分を取り入れたら日本の文化を失わずにすむかを、どうやって発見したのでしょう？　和魂洋才といった考え方や、近代化のために何が必要なのかを見きわめるために海外に使節団を派遣したりとか。

政治や経済の変化が社会の変化とどう結びついているのか、そういったことを考えるのが歴史を勉強することなのだと初めて知りました。

その年の夏には、国際基督教大学（ＩＣＵ）主催の日本語のサマープログラムに参加するための費用を出してくれるよう両親を説得していました。そのころはまだ一ドル三六〇円の時代だったので、ＩＣＵで日本語の集中コースを受けるのと、スタンフォード大学で日本語の集中コースを受けるのを比較すると、日本に行ったほうが安かったんですね。

だから、費用を比較して説得すると、親は反対できませんでした。そんなわけで、その夏には一人で東京にやってきました。

こんなことを言うとへんかもしれませんが、日本で暮らし始めると、なんだか故郷に帰ってきた気がしました。「ああ、やっとリラックスして、心置きなく暮らすことができる」という気がしたんです。おかしいですね。だけど、日本にいると、ホッとしたんです。

私の家族に日本と関係のある者は一人もいません。私が通っていたコロラドのハイスクールにも、アジア系の子は一人か二人ぐらいしかいませんでした。それでも日本で暮らし始めると、なつかしい故郷に、すごく久しぶりに帰ってきたような気がしたんです。

その夏の経験が、私の人生を変えてしまいました。スタンフォードに帰ると、日本語の強化コースを受け、一日二時間、週五日間、一年間にわたって毎日毎日、日本語漬け。とても大変でした。そして四年生になると、卒業したら日本研究の修士課程に進みたいと思うようになっていました。

だけど両親には、学部を卒業したら自立して、親に頼らないようにしなさいと言われていました。スタンフォードの学費はとても高いので、自分一人で学費を負担できません。そこで、他の大学を探していたところ、ワシントン大学（ワシントン州シアトル）からリサーチ・アシスタント（研究助手）の仕事をオファーされたので、ワシントン大学の大学院に進学することにしました。

大学院で日本の歴史や文化を深く学ぶにつれ、日本社会について研究したいという気持ちがますます強くなってきました。それで、社会学を専攻することにしたんです。だから、社会学で博士号をとって社会学者になったのは、実は、日本に恋をして、日本の社会を知るために社会学を道具として使いたいと思ったからなんですよ。

大学院生のころは、日本とシアトルとの間を行ったり来たりしていました。東京で一年間日本語の勉強をしたり、博士論文の研究のために日本に滞在したり。

ところが、ICUでの日本語サマープログラムから帰国後、初めて東京で一年間暮らしたときには、正直言って、すっかり日本に幻滅してしまいました。「どうしてこんなことを始めてしまったんだろう」と思ったりしたんですね。

最初に日本に来て日本語の勉強をしていたときは、実は、とても特殊な環境で暮らしていて、日本社会のいろんな問題から隔離されていたんだということに、そのときになって初めて気がついたんです。日本で本格的に暮らし始めると、そうした問題に気づくようになってきました。

女性に対する差別とか、学校でのいじめとか、ほかのアジアの国の人たちを見下す態度とか、そういった問題です。そうした問題がとても気になるようになってきました。

具体的な例を一つあげましょう。日本で一年間暮らしたときは夫と一緒でした。夫とは学部時代からのつきあいで、日本に来たのは私たちが結婚したばかりのとき。夫のアーサーは中国系アメリカ人で、日本は初めてでした。

アーサーと一緒にいると、困ったことが起こります。そうしたことのいくつかは面白がることができますが、その多くはほんとうに困った出来事でした。アーサーはそうした経験にあって、とても居心地が悪い思いをするはめになってしまったんです。

アーサーは日本人と同じような顔をしていて、私は白人の顔をしています。だから二人で一緒にいると、みんなアーサーに日本語で話しかけるんですね。当時は日本語を話す白人があまりいなかったので、私は日本語をしゃべれないと思われていたんです。ところが、アーサーは初級の日本語しか勉強していなくて、あまりうまく日本語がしゃべれません。

そんなわけで、みんながアーサーに日本語で話しかけて、それに私が日本語で答えるんですが、私の返事を無視してアーサーに話しかけるのをやめません。なんだか、アーサーは腹話術の人形のようでした（笑）。みんながアーサーに話しかける。私が日本語で答える。だけどみんな、アーサーが答えているような気になって、アーサーのほうを見て話し続ける。そんなふうでした。

ともかく、こういった出来事が続いて、私たちのカップルもちぐはぐな感じになってしまいました。

そんなこんなで、一年間日本で暮らすうちに、日本に対する「恋が冷めて」しまったんです。我慢できないことが多すぎたから。日本研究に一生を捧げようなんて、間違った決断をしてしまったんじゃないかと思ったりもしました。だけど、それまでの努力を考えると、とてもあきらめる気にはならなかったんです。経済学者に言わせると、それは埋没費用（今さら気にしてもしょうがない投資）というもので、そんなことに影響されるのは馬鹿だということになるんですけど（笑）。

だから、みじめな気持ちになっても、勉強と研究は続けました。今から振り返ると、「恋が冷める」経験をしたのはいいことだったと思えます。おかげで、日本社会についてもっと醒めた目で見ることができるようになったからです。誰かに恋をしているときには

「あばたもえくぼ」に見えるのに、恋が冷めるとその人の悪い面がよく見えるようになる。それと同じですね。

だけど、良い面も悪い面も両方理解できるようになると、ほんとうにいい関係がつくれるんだと思います。長く続く、愛し合う関係を築くためには、こうした時期が必要なんです。だから、日本社会について大人の研究者になるためには、日本との恋が冷める必要があったんですね。恋が冷めたからといって、日本に対する愛情が減ったわけじゃない。だけど、もっと客観的に日本を見ることができるようになりました。

だから今では愛情を持った大人の立場から、外国人に日本のことをきちんと理解してほしいと思います。そして、日本に対しても、他の文化と比較することで、自分たちの国のことをきちんと理解するお手伝いができたらいいなと思っています。

そんな経験をした後でシアトルに戻って、ワシントン大学で社会学の博士課程に入った年ですね、山岸さんに初めてお会いしたのは。山岸さんと私は、ワシントン大学で一緒に勉強をして以来、もう三〇年を超える歳月がたってしまいました。その間、山岸さんは日本とアメリカの大学を行ったり来たりしながらユニークな研究を続け、実験社会科学という新しい分野を切り拓くための活動を行っています。

山岸さんとは、私がシカゴ大学にいたときにも、コーネル大学にいたときにも、それからハーバード大学に移ってからも、自宅にお招きしたりして、日本やアメリカ、そして世界のさまざまなできごとについて話を交わす機会がありました。私も娘のエマをつれて、小樽の高台にある山岸さんのお宅にうかがったことがあります。

そうした折に、よく、現代日本の若者たちをめぐる話をしました。そして、現代の日本が直面している問題、とくに日本の若者たちが直面している問題を解決するためには、若者たちの心や考え方に注目するだけじゃなく、若者たちの置かれた社会状況が若者たちの考え方とどのように関連するかを考えないといけない、といったことを話していました。

若者たちの心や考え方と、若者たちをめぐる社会の両者は、互いに強く結びついているので、一方だけを変えることはできない。両方を変えないといけない。考え方を変えるには社会を変えないといけない。しかし、考え方が変わらない限り、社会を変えることができない。堂々巡りになってしまうのですが、そうしたことは、この対談にも反映していると思います。

この対談の内容は、ニートやひきこもりに代表される若者の「リスク回避傾向」が、実は若者だけではなくて、日本社会全体を特徴づけているというテーマを中心にしています。そして、若者だけではなく、日本人全体を特徴づけているこの「リスク回避傾向」は、実は、リスクが大きすぎることに原因があるのだという点で、二人とも同じように考えています。

常識的には、アメリカ社会のほうが日本社会よりもリスクが大きな社会だとされていますが、それはむしろ逆だというのが、私と山岸さんが共通して持っている理解です。

アメリカ社会のほうが日本社会よりもリスクが大きいという常識は、例えば、雇用の安定についての考え方に反映されています。日本の方々は、雇用の安定とはクビを切らないことと同義なのだと考えていると思います。それはもちろん正しいわけですが、それだけじゃない。クビを切られても、すぐに新しい職を見つけることができれば、それはそれで雇用の安定につながります。そうなれば、「今の職を失ったら、やっていけない。だから今の職を失うようなリスクをとるわけにはいかない」と考える必要もなくなるんですね。

言い換えれば、労働市場の効率を高めれば、人々にセカンドチャンス、サードチャンスを与えることになるということです。そうなれば、現在の仕事や場所にしがみつく生き方じゃなくて、能力を高めながら積極的に自分の機会を生かす生き方が可能になるというのが、二人が対談の中で合意した中心的な結論です。

日本人がリスクを避ける傾向は世界一

山岸　そうですね。これまでの常識から少し視点をずらすことで、リスクを避ける生き方の持っている意味が分かるようになるのではないかな。この対談が、読者の方々にとって、これまでと少し違った視点から日本社会について考えるきっかけになればいいんだけど。そんなことを思って対談を始めたいと思います。

ここでまず、対談をお読みになる前の基礎情報として、日本人のリスクを避けようとする傾向が、世界中でどれほど極端なのかを示す次ページのデータをご覧いただきたいと思います。このグラフは、二〇〇五年から〇八年にかけて世界中で実施された「世界価値観調査」の結果で、自分は冒険やリスクを避けるタイプだと思っている人のパーセンテージを示しています。日本人がリスクを避ける傾向は世界一、ほかの先進国の人たちに比べてずば抜けて高いことが分かりますね。

メアリー　そうですね。こうしたデータがあると、私たちの話が二人のたんなる思い込みではないことがよく分かると思います。対談の中でも、こうしたデータをできるかぎり紹介していきたいですね。

山岸　それじゃあ、始めましょう。

図1　「自分は冒険やリスクを求める」のカテゴリーに自分が当てはまらないと思っている人

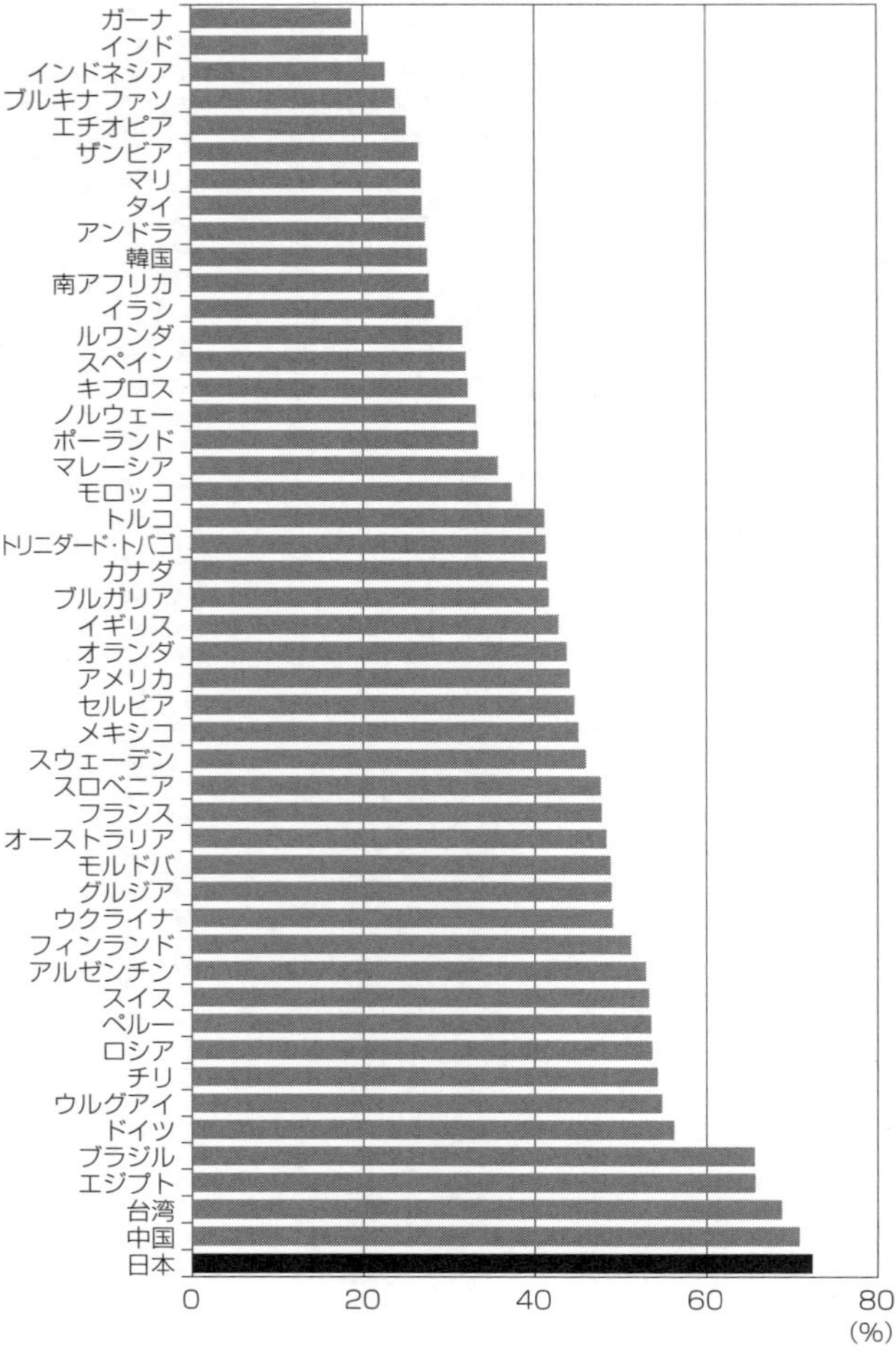

2005年から2008年に世界各国で実施された「世界価値観調査」での、「自分は冒険やリスクを求める人」のカテゴリーに自分が当てはまらないと思っている人のパーセンテージ
(出典：「世界価値観調査 2005－2008」)

第二章　はしごを外された若者たち

生き方としての貧困

山岸　最近、若者の間の「希望格差」が問題になっていて、一昔前のアメリカで話題になった「貧困の文化」が日本でも生まれつつあるように言われているんだけど、メアリーはどう思う？

メアリー　貧困が人々の考え方を変えてしまい、そのために「生き方としての貧困」が、世代から世代へと受け継がれて、ひとつの文化となってしまうという議論ですね。貧困は、収入が少ないというだけの問題ではなくて、言い方は悪いかもしれないですが、生き方や考え方までが貧困化するという議論。

山岸　まあ大雑把に言うとそうだと思う。人類学者のオスカー・ルイスがメキシコの貧困層の研究で使い始めて、一九六〇年代以降のアメリカの貧困問題を考えるさいの一つの重要な切り口になっている考え方だ。こうした文化が貧困からの脱出を困難にしている、と。だけど一方では、貧困問題を社会制度の問題としてではなく、人々の考え方や文化といった曖昧な概念に帰着させようとする、誤った見方だという指摘もされている。

家でまったく勉強をしない高校生の比率を調べてみると、日本人の高校生が先進国の中ではずば抜けて高いという調査結果もあるし、いわゆる進学校から一流大学へ進学するエリートたちと、そうした学歴競争から脱落してしまった高校生たちとの間に、勉強をするかどうかだけではなく、生活態度一般について大きな差が生まれてしまったように見えるんだけど、メアリーはどう思う？

この違いは、日本の若者たちの間に「貧困の文化」が生まれつつあるということなんだろうか？

メアリー　私は、それは一方的な見方だと思います。例えば、一九九〇年代の後半に調査をしたときには、八〇年代のはじめとくらべて若者の生活態度が大きく変わってしまっていることにショックを受けたんですが、それをただ、若者の考え方が変わってしまったというふうに理解すると、その背後にある社会や経済の変化に目が向かなくなってしまう可能性があるんですね。

今の日本の若者の生き方や考え方を「貧困の文化」として捉えるのは、一面では現実を反映しているんですが、一番肝心な点を見逃してしまっているように思います。一言で言うと、勉強をしない高校生が大量に生み出されたのは、若者が「はしごを外されてしまった」からだと私は思っています。

山岸　もう少し説明してくれるかな。

メアリー　私がここで「はしご」と言っているのは、「まじめ」な生き方が報われるシステムのことです。その要《かなめ》になっていたのが、学校から仕事へのスムーズな移行を可能にしていたシステムですね。そうですね、ちょうど高度成長期が終わりを迎えつつあるころまでは、高校と企業との間にスムーズな移行システムが存在していました。

日本の高校と職場（就職先）との関係は、そのシステムが機能している間はうまくいっていました。生徒にとっても、企業にとっても、学校にとっても良いシステム。つまり、それぞれにインセンティブ（目標への意欲を高める刺激）がちゃんと働いている状態にあったということです。

その後私は、一九九〇年代の後半に再び日本に長期滞在して、神奈川県の高校や職業安定所などで聞きとり調査を行い、その成果を二〇〇八年末に、私の初めての日本語での書籍としてまとめて発表しました（『失われた場を探して――ロストジェネレーションの社会学』ＮＴＴ出版）。その調査から見えてきた事実を最初に少しお話ししておきましょう。

山岸　お願いします。

高校と企業の関係

メアリー　一九八〇年代の終わりまでの日本では、高校生が就職を希望した場合、「安定したかたち」で職を得ることができました。というのも、就職を斡旋する学校と、過去の実績に基づいて採用を決める企業との結びつきが非常に強かったからです。生徒にとっては、高校生活にまじめに取り組み、きちんと先生の言うことを聞いていれば、先生（あるいは学校）が良い仕事を紹介してくれました。

逆に言えば、高校生活にまじめに取り組もうとしない生徒は先生から目をつけられて、良い仕事を紹介してもらえません。

つまり、生徒にとっては、先生（あるいは学校）が紹介してくれる仕事が、高校生活にまじめに取り組むためのインセンティブとしてうまく機能していたということです。先生はこのインセンティブを使って、生徒たちを高校生活にまじめに取り組むように導くことができましたね。

ちょっと悪い言い方をすると、先生は、自分が斡旋できる就職先を餌にして、生徒たちをコントロールすることができたんですね。

山岸　このごろ教師の指導力低下が嘆かれているけど、教師が生徒に対して持っているコントロール力の基盤が就職先の斡旋にあったと考えると、そうした就職先を斡旋できなくなってしまえば、生徒に対するコントロール力がなくなってしまうのはあたりまえだよね。指導力の低下ではなく、コントロール力の基盤の喪失ということになる。

メアリー 山岸さんが言ったように、先生は仕事を紹介する立場にあるので、学生に対するコントロールが利くようになります。まじめに勉強しないと就職先が紹介してもらえなくなるよと、直接にではありませんが脅すことができました。ディシプリン（規律）を保てる、というべきでしょうか。いい意味で先生に力があって、生徒の将来（運命）にかかわることができたんです。

一九八〇年代までのシステムには、別の側面もありました。企業の側からすれば、優秀な、あるいはまじめな生徒を採用できるというメリットがあったんです。生徒のことをよく知っている高校の先生が、まじめで優秀な生徒を選抜して紹介してくれる。そうすると、入社試験だけで採用を決定するよりも良い生徒を採用できる。だから、非常に有効なリクルートの手段なんです。つまり、このシステムは、まじめで優秀な人材を効率的に採用できるという点で、企業にとってもメリットがあったんです。

だけど、企業の側も高校に対してメリットを提供しなければ、いくら優秀な生徒を送ってくださいと言ったところで、高校の側としては優秀な生徒を別の企業に紹介しようとするでしょう。そこで企業が高校に対して提供したのが、安定した就職枠というメリットでした。つまり、毎年確実に生徒を採用してくれるのであれば、優秀な生徒を紹介しましょうというわけです。

こうして安定した就職枠が保障されることで、最初に戻って、教師は生徒に対してコントロール力を確保でき、その結果、生徒がまじめに高校生活に取り組むようになる。つまり、教師、生徒、そして企業といった、すべての人にとってメリットがあるシステムとして、学校から職場への移行システムが作られていたんです。

山岸　このシステムは、生徒にとっては、先生の言うことを聞いてまじめに勉強していると就職先を紹介してもらえるというメリットが、企業にとっては、先生の持つ情報を使って優秀な生徒をリクルートできるというメリットが、そして先生にとっては、企業が提供してくれる安定した就職枠を使って生徒をコントロールできるというメリットがあって、誰にとっても好ましいシステムだったということですね。

メアリー　ところが、いわゆるバブル経済崩壊以降、日本経済のあり方が変化して、正社員の仕事が減っただけではなく、正社員の仕事が製造業からサービス業へと移行していきました。さらに、大学進学率が急上昇し、高卒より大卒資格を持つ人のほうが就職に有利な社会となっていったため、その「安定したシステム」が機能しなくなってしまったんです。こうした経済の変化は高卒の人たちだけではなく、大卒も含む新卒者にとって正社員の仕事を見つけることを困難にしているんですけど、とくに高卒者にとってはとてもたいへんな状況になってしまったんですね。要するに、高卒者に対して安定的に提供できる就職枠を、企業が維持できなくなってしまった。

それまでの日本では学校という「場」の助けのもと、仕事の「場」にすんなり移行できたのですが、安定の基盤となる「場」がなくなり、そのため日本の若者は根を失って漂流することになってしまった。

この状況は、多くの若者たちが高校（あるいは専門学校や大学）から正社員の職に、スムーズに移行できた時代が終わったことを意味しています。その中でも、とくに非進学校の普通科の高校生たちにとって影響が非常に大きく、問題が深刻になっています。

日本は今や、高校卒業後、半数以上の人たちが大学に進学する時代です。まして、工業科や商業科のように専門技術や資格を身につけることもなく卒業していく非進学校の普通科の高校生たちが、それまでのように学校の斡旋で企業に就職できなくなってしまった。そのため、まじめに勉強したり先生の言うことを聞くことのメリットがなくなってしまったんですね。

これが、日本の若者たちの間で生まれつつある、「貧困の文化」の一つの重要な原因だと考えています。

山岸 先生の言うことを聞いてまじめに勉強しても何もいいことがないという現状をその

ままにしておいて、若者にまじめな生き方を説教しても意味がないということだよね。必要なのは、若者の努力やヒューマン・キャピタル（人材としての価値）への投資が報われるシステムを再構築することだ、と。

メアリー　こうした問題をどのように解決していけばいいのでしょうか。その解決策は、労働市場の整備にあると私は考えています。「セカンドチャンス」を認める労働市場であれば、それがひとつの解決への道筋となるでしょう。

ただ、日本の場合、個人が新しいやり方にチャレンジしようとすると、社会から批判がくる傾向が強いですよね。例えば、転職を繰り返している若者がいるとしましょう。そうすると、「定職にも就かないで、仕事を変えてばかりいるなんてけしからん」という見方をする大人が多いのではないでしょうか。

確かに、転職する理由は人それぞれですし、個人の性格も能力もみな違います。でも、転職を繰り返す中でさまざまな経験を積み、自立しながら自分の能力を高め、最終的に自分にあった仕事に就くことができる人もいると思うんです。「転職＝悪いこと」という固定観念にとらわれていたら、ますます若者たちは仕事を探しにくくなってしまいます。「場」に帰属しすぎない生き方を認めていくことが必要です。

山岸　雇用の安定＝クビを切らないことだという、ほとんどの日本人が常識として受け入れている基本理解が問題を生み出しているということだよね。

現在の論調を見ても、多くの人たちは、雇用不安が生まれるのは正規の従業員が少なくなって、派遣に代表される非正規従業員に置きかえられているからだと考えている。だから、非正規従業員を正規化して、簡単にクビを切れないようにすればいいんだ、と。

メアリーの言い方をすると、従業員が「場」、つまり企業や職場にしがみつくという意味での雇用の安定じゃなくて、別のかたちで雇用を安定させる方法があるんだということを、少なくとも私たちは理解しておく必要があると思う。別のかたちでの雇用の安定というのは、いわゆる北欧型のやり方で、失業者に訓練の機会を与えて、より生産性の高い産業で再雇用されるように支援するというやり方。もちろんこの二つのやり方は、どちらかだけが良いというものではなくて、二つをうまく組み合わせて運用することがたいせつなんだと思うけど、今の日本はクビを切らないという方向だけが強調されすぎているように思う。

メアリー　山岸さんの言うことはよく分かりますけど、オープンな労働市場を形成して、そこで求められる能力の育成を支援するというやり方に、いまの日本人、とくに若者たちはちゃんと対応できるのでしょうか。そうしたやり方がうまく機能するためには、自分の価値をちゃんと理解して、まわりの人たちに伝えるためのコミュニケーション能力が必要ですが、そうしたコミュニケーションが日本人は得意じゃないように思えます。

コミュニケーションがたいせつだと日本人はよく言いますが、日本人のいうコミュニケーションは、「感情」に重きをおきすぎているんじゃないでしょうか。いわゆる「心を通わせる」ことがコミュニケーションなんだ、と。

しかし、もう一つ必要なのは、自分の意図や能力を相手にちゃんと伝えるためのコミュニケーション「スキル」です。アメリカ人は子どものころから、言葉を使って自分の「意図」を伝える訓練を受けています。日本でも、就職試験の面接対策など、たくさんのアドバイスがあるようですが、日本のやり方はどこか違っているような気がしています。

チャンスの平等

山岸　一九九〇年代以降、それまでの日本を支えてきた安定した社会関係や人間関係が急速に崩れてきてしまった。一度、大企業に就職すれば定年までほぼ保障されていた終身雇用という制度も、今は昔の話。大企業に就職できたからといって、安心していられない。
確かに、終身雇用に代表される「場」にしばられた制度は、戦後の復興期から高度経済成長を経て、右肩上がりに発展を遂げていた時期の日本にとっては、非常にいい制度だったと思います。しかしそうした制度が成功しすぎたために、いわゆる「成功の呪い」に苦しむことになったというのが、バブル崩壊以降の日本の姿なんだと思う。

メアリー　「成功の呪い」というのは、あるやり方で成功すると、状況が変わってもそうしたやり方にしがみついて、結局は大失敗をするということですね。

山岸　その通り。高度成長期にうまく機能した制度が、人口構成やら経済成長率が変化し、規制緩和とIT革命に伴う大競争時代が到来した一九九〇年代以降にもそのまま通用するはずがない。しかも、いわゆるバブル経済の崩壊と産業構造の変化、グローバル社会の進展など、この二〇年間を振り返ってみると、いやがおうでも国際社会の大きなうねりの中に巻き込まれて、その中で何とか生き残っていかないといけない状況に日本も追いやられているのが現実だ。そうした変化に対応するためには制度の切り替えが必要なんだけど、そうした制度の変化が生まれる前に急激な経済や社会の環境変化が起こってしまった。

メアリー　つまり、再雇用のための労働市場や訓練のための支援が十分に整備される前に、終身雇用制の終焉や非正規雇用の本格化が始まってしまったということですね。クビを切るなというかたちでの雇用の安定が維持できなくなったのに、再雇用の促進というかたちでの雇用の安定が整備されていない、と。

山岸　だから、今の職場にしがみつくこともできないし、新しい職を見つけることも難しそうだという、二重の意味での雇用の不安に今の日本人は直面しているんだよ。

団塊の世代やそれより少し下の世代は、終身雇用制が崩れるなんてことを考えもしていなかった。だから、自分をオープンな労働市場で通用させるための人的資本への投資をしてこなかった。

そういう状態でリストラされると悲惨なことになってしまう。もちろんアメリカでもリストラにあえばみじめになるけど、そのみじめさは、日本人がリストラにあったときのみじめさとくらべたらずっと少ないんだと思う。リストラされたら先がないという恐怖が、日本人を委縮させてしまっているというのが、いまの日本が元気のない最大の理由。それに「定年制度」が輪をかけている。定年というと聞こえはいいけど、結局はクビ切りと同じなんだから。

メアリー　私も同じようなことを考えてました。アメリカ人にとっては、ちょっと極端な言い方をすると、リストラは苦しくてもあたりまえのことです。だから、リストラされても絶望するわけではなくて、また新しい仕事を探します。だけど日本人にとってリストラは、それで終わりって感じですね。リストラの深刻さが全く違います。

山岸　日本では、製造業を中心とした派遣社員の雇い止めが社会問題へと発展し、派遣労働者たちが「派遣村」で年越しをする姿がマスコミで大々的に報道されている。こうした現状に対する国民の不安と不満は増大する一方で、それが小泉改革のせいだということで、遂には自民党から民主党への政権交代ということにもつながっていったよね。

その底には、再雇用のための効率的な労働市場と、能力獲得への支援制度が確立されていない状態をあたりまえのこととして受け入れてしまって、そこにこそ問題があるのだという視点が完全に欠けているんだ。そうした常識の落とし穴があるように思う。

民主党新政権に対しては、これまでの不満と不安が噴出した形で、さまざまな要望が出されている。新政権の手腕が発揮されて結果が出てくるのはまだ先の話だと思うけど、政府も、そして国民も、「古きよき日本に戻りたい」という発想や価値観から抜け出さなければ、これからの時代を生き抜いていけない。

例えば、多くの日本人には、セカンドチャンスがあることが雇用の安定なんだという考え方が全くない。雇用の安定イコール終身雇用で、クビを切らないことだと思っている。それだけじゃなくて、同じ会社で雇用し続けることが良いことで道徳的なことであると考えるようになっている。そうした考え方の罠にはまってしまっていると言っていい。

だから、今考えなくちゃならないのは、その罠からどうしたら抜け出すことができるかなんだ。終身雇用はアメリカでも日本と同様に見られるという研究もあるけれども、それが道徳的に好ましいことなのだという考え方や価値観はアメリカにはないように思う。だからこそ、メアリーから見た日本人の雇用と労働問題について教えてほしい。メアリーが一九九〇年代から調査を続けてきた研究から見えてくるものがあるんじゃないだろうか。

「場」に帰属しすぎない生き方

メアリー 「セカンドチャンス」がある労働市場をつくるという考え方に私は賛成です。ただ、山岸さんの言葉をかりれば、終身雇用こそが雇用の安定なのだという考え方の「罠」から抜け出すには、まだ多少の時間が必要なのではないでしょうか。

私自身が日本の高校の調査結果を踏まえて、高校生の就職問題を解決するために提案したいと考えていることは、おおまかに言うと次の四つです。

(1)企業の不当行為から若者を守る

これまでの日本では、学校と企業との関係がしっかりしていたので、高校生が就職したあとも、卒業生の労働条件や待遇などについて学校側が目を光らせていました。そのため若者の労働条件も一定の水準が保たれていたんです。しかし、学校と企業との関係が崩壊してしまった今では、高校生が就職する際に学校を介さないで就職したり、アルバイトからそのまま正社員の道に入るというケースも出てきています。もちろん、それが悪いというわけではありませんが、学校という監視の目がなくなってしまう状況は、若者たちが不当に搾取されてしまう危険をはらんでいます。

私がインタビューしたある若者のケースでも、最初に提示された労働条件が守られなくて、不当に長時間労働を強いられています。とくに、非正規雇用という形態が増えている実情を考えると、法律や社会規範から企業の行動をコントロールすることや、社会が監視の目を光らせることが必要です。

(2) 社会の信頼感とウィークタイズの基盤を強化する

アメリカでは、「ウィークタイズ（弱い結びつき）」の信頼関係が重要ですし、それが社会の基盤ともなっています。

「ウィークタイズ」は、アメリカの社会学者マーク・グラノヴェッター教授が一九七三年に発表した論文「ウィークタイズの力」で有名になりました。家族や親戚、親しい友人などに代表されるストロングタイズ（強い結びつき）から得られる情報は、そうした結びつきでつながっている人たちの輪が限られているので、すでに自分も知っている情報とあまり代わり映えがしません。つまり、心を許せる身内や親友とだけ付き合っていると、得られる情報が限られてしまうということです。

しかし、ウィークタイズ（それほど親しくない知人）でつながっている人からは、自分が知らなかったり、身近にない新しい情報が得られる可能性が高いのです。だからグラノヴェッター教授の研究では、ストロングタイズを使って情報を探した人たちよりも、ウィークタイズを使って情報を探した人たちのほうが、いい就職先を見つけることができることが示されています

これまでの日本人は、安心して心を開くことができる身近な人との付き合い（ストロングタイズ）だけをたいせつにして、それ以外の人との「信頼」を育んできませんでした。そうした人間関係の構築も必要だと思います。

(3) 若者の対人関係能力を育成する

ウィークタイズの結びつきを作るためには、コミュニケーション能力の育成が重要です。前にもお話ししたように、日本人のいうコミュニケーションは「感情」に重きをおいています。

つまり、コミュニケーションの目的は親しい人との間に温かい関係を育むことにあると

考えてきたわけです。それだけではなく、言葉を使って自分の言いたいことを相手に伝えるという意味でのコミュニケーションの「スキル」、つまり、自分の意図を正確に、また有効に伝える力をつちかっていかないと、仕事を得ることも、仕事をしていくことも難しくなるでしょう。そのための訓練を、家庭でも学校でも、意識的に実践していく必要があります。

(4)「場」に帰属しすぎない生き方を認める

(1)から(3)までを踏まえた上で、「場」に帰属しすぎない生き方を認める社会にしていかなくてはなりません。終身雇用という「安心社会」がなくなってしまった今、非正規雇用を余儀なくされている若者の中には、転職する(せざるをえない)中から実力をつけ、自分に合った仕事を見つけ出して、最終的に正社員となった人もいます。私の調査の中でも、そうした日本の若者はたくさんいます。

アルバイトや非正規雇用イコール悪と決めつけず、一ヵ所にとどまらなくても、実力さえあれば必ず次の仕事が見つかる環境と、それを認める社会が出来上がってくれれば、今までよりはもう少し余裕のある社会に成熟していくのではないでしょうか。

若者のひきこもり

山岸　メアリーが言うように、今までのシステムが崩れて維持できなくなっているのに、今までのシステムしか安定を与えてくれないんだ、と思いこんできたところが問題だと思う。終身雇用制は崩しちゃいけない、転職はよくない、雇用の安定というとともかくクビを切らないことにしか目がいかない。

メアリーの調査でも明らかだけれど、日本ではこれまで、企業と学校との結びつきが安定した就職先を提供してきたし、そのことによって生徒たちにとって、まじめさに対するインセンティブが維持されてきた。でも、そのシステムがなくなったときに、それにとってかわるシステムをどう作るのか、ということに頭がまわらない。

そうした新しいシステムを作ろうとしないので、古いシステムが崩壊するとパニックになってしまう。だから、何とかして古いシステムに戻そうとする。だからますます、新しいシステムが作れなくなってしまうという、悪循環に陥ってしまっているんだと思う。

しかも、新しい制度やシステムを作っても、そうした新しいシステムに適応するために自分の生き方をどう変えたらいいかよくわかっていないから、自分がなじんでいる元のシステムに戻せと要求したりする。古いシステムが崩壊することへの不安や恐怖にかられて、ますます古いシステムにしがみつこうとするから、システムそのものが変えられないという硬直状態に陥っているのが日本のこれまでの姿なんだ。

もちろん、政権交代が実現した今、大きな変革期を迎えていることは間違いないんだけれど、民主党は雇用の安定や格差縮小のための新しいシステムを提案しているわけじゃなく、小泉改革で広がった格差を縮小するために古いシステムに戻そうとしているように見える。将来の不安でパニックになっている国民は、とりあえず不安が少なそうに見える古いシステムに戻りたいと思って民主党を選んだのだ、と。

メアリーのいうコミュニケーションの問題でいえば、こうした状態は、日本全体が「ひきこもって」しまっているということになる。安心して付き合っていられる身内の輪を越えて、ウィークタイズでつながっている多くの人たちに自分の考えや意図を伝えながら生きていくためのスキルが身についていない。

だから、私はこういう人間ですよ、こうしたいと思っているんですよ、というシグナルを発することができない。

「空気が読めない」＝ＫＹなんていう言葉が流行ったけれど、これは、自分の意見を発信することでまわりの人たちを変えていこうという発想がないってことを意味してるんだと思う。まわりの人たちを変えていこうというんじゃなくて、まわりの人たちから受け入れられているかどうかにだけ目が向いてしまっている。自分の意見を口にすると、それがまわりの人たちの期待している反応とは違っているんじゃないかとか、そういう恐怖心が先に立ってしまう。

だから、場の空気を乱さないよう、まわりの人たちが何を考えているのかを予想して、そうした考えに自分を合わせるためのコミュニケーションに気をとられてしまう。それができないなら、いっそひきこもってしまったほうが面倒くさくないし、イヤな思いもしないですむ。

メアリーが言っていた、コミュニケーションの意味が違っているというのと同じことだよね。

だから、これまでのように学校が仕事を斡旋してくれる安定した就職のシステムが崩れたときに、自分で自分を売り込んでいこうという方向に動きにくい。たぶんそれは、どうしたらいいか分からないというより、自分を出すやり方を知らないということなんだと思う。自分の能力とか内面とか意図をうまく第三者に示すスキルがない。メアリーの言っているコミュニケーション能力は、このスキルのことだよね。

メアリー そうですね。だけど、もう少し言うと、そうしたスキルを若者が持っていても、雇い主や周囲の人が、そういう能力を示されたときに上手に判断するスキルがないという点も重要じゃないでしょうか。

山岸　ぼくの言葉でいえば、KYを気にする人たちは「ゲーム・プレイヤー」ではない、ということになる。ゲーム理論というと難しく聞こえるけど、「ゲーム・プレイヤー」というのは、自分が行動する、あるいはシグナルを出すことで、まわりの人たちの考えや行動を自分にとって好ましい方向に導こうとする人たちのこと。この点はとても誤解を受けやすい点なので、少し時間をかけて説明してもいいだろうか？

メアリー　どうぞ。私もこの点は重要だと思います。

山岸　例えば、お互いに助け合わないとうまくいかない状況があったとする。だけど、自分が協力しているのに、相手が裏で悪いことを考えているかもしれない。お互いにそう思っている。これがいわゆる「囚人のジレンマ」と呼ばれる状況だ。

メアリー　そうですね。私も囚人のジレンマについてはよく知っています。山岸さんの専門ですね。

山岸　うん。例えば、腕はいいけど経営能力がないシェフがいて、経営能力はあるけど料理のことは分からない経営者がいるとする。二人が組めば、人気のあるレストランを作ることができる。ただ、この二人がいればそれだけで十分なのかと言うと、そうではないですね。二人とも、相手を信頼することができないといけない。シェフには経営が分からないので、相手に騙されて利益を独り占めにされても気がつかない可能性がある。経営者は味が分からないので、シェフがほんとうにおいしい料理を作る腕があるのかどうか分からない。あるいは腕はあっても適当に手を抜いて、味の分かる客が来なくなっても、なぜ客が減ったのか理解できない。

ここで二人とも、あるいは二人のうちのどちらかが疑心暗鬼になってしまうと、共同でレストランをやっていこうということにならない。そうした状況で二人がしなくてはならないのは、いろんなシグナルを出し合い、そうしたシグナルを正しく読み合うということです。シェフの側では料理の腕前、そしておいしい料理をお客さんに食べてもらうことに情熱を持っていることを、何とか経営者に理解してもらわないといけない。経営者は自分が正直な人間であることをシェフに分かってもらわなければいけない。

そこでお互い、自分が何をすれば相手に自分のことを分かってもらえるかを考え、そのための行動を取ろうとするでしょう。これが、私の言うゲーム・プレイヤー。自分で何かをすることで相手を変えようとする人たちです。

メアリー 誰だってそうじゃないんですか？ 山岸さんの言うゲーム・プレイヤーじゃない人は、いったいどんな人なんでしょう？

山岸　最近、心理学でよく使われる言葉に、「プロモーション志向」と「プリベンション志向」があります。要するに、加点法的な考え方と、減点法的な考え方という違い。プロモーション志向の強い人は、何かを得ることに向かって行動する。プリベンション志向の強い人は、何かを失うことを避けるように行動する。

メアリー　アメリカ人はプロモーション志向が強く、日本人はプリベンション志向が強いように思いますね。

山岸　そうです。プロモーション志向とプリベンション志向の文化差を調べた研究では、そうした違いが見られています。

　ここでなぜこんな心理学の言葉を持ち出したかというと、ゲーム・プレイヤーというのは、まわりの人たちをうまく動かして何かを得ようとする人たちなので、プロモーション志向が強く、同時にほかの人たちの行動を読みながら行動している人たちだということができます。

　ゲーム・プレイヤーでない人たちというのは、プリベンション志向の強い人たちだと言ってよいでしょう。自分がめざす目的を達成するためにほかの人たちを動かすというよりは、まわりの人たちから嫌われたらやっていけないのではないかという不安から、他人から嫌われたり、社会関係を失わないことだけに気を取られてしまっている人たちです。プロモーション志向とプリベンション志向という言葉を、ほかの人たちとの関係の作り方にあてはめたのが、ゲーム・プレイヤーと、プレーをしようとしない人たちである「非プレイヤー」との違いなんだ。

メアリー　だけど、日本人はお互いの気持ちを察するのが得意な繊細な心の持ち主で、アメリカ人はそうした繊細さに欠けるガサツな連中だと思われているんじゃないですか？

山岸　メアリーも言っていたけど、気持ちを察するとか気遣いをするということと、自分の考えや意図を相手に伝えるということは違うってことなんだ。気遣いというのは、相手の気持ちを害しないよう行動するということであって、そのことで自分が悪く思われないようにというプリベンションの行動。相手の行動を変えさせるという意味でのプロモーションの行動ではない。

ゲーム・プレイヤーにとって重要なのは、プロモーションのためのコミュニケーションなんだよ。

メアリー　確か、「ひきこもり」の話をしていたんだと思いますが。ひきこもりになるのはプリベンション志向の強い非プレイヤーだということですか？

山岸　そうですね。ひきこもりは究極のプリベンションだから。ほかの人と会わなければ、イヤな目にあうことはありません。何も得られなくなってしまうけど、それよりもイヤな目にあうことを避けるほうに気を取られてしまっている。日本人は一般にプリベンションョン志向が強いけど、ひきこもりの若者は、そういう意味で究極の日本人。だから、ひきこもり対策は、実は、いまの日本人対策でもあるんだと思う。

メアリー ひきこもっている若者に対して、「もっと積極的に生きるようにしたほうがいいですよ」と忠告しても、そんな忠告は役に立たないでしょ？　そんな忠告をされたぐらいで積極的に生きることができるのなら、そもそもひきこもりになってはいないはずだから。

同じことが、日本人に対しても言えるんじゃないでしょうか？　リストラされたら次がないと思って職場にしがみついて生きるよりも、自分を労働市場で売り込める実力をつけたほうがいいですよと忠告しても、それができればいいに決まってるけど、だけどそれができないから苦労してるんじゃないかと言われてしまいますね。

再チャレンジ可能な社会

山岸 だから、重要なのは、一人ひとりに忠告するんじゃなくて、そうした忠告が意味を持つ社会を作ることなんだよ。一言で言うと、セカンドチャンスがつねに用意されている社会制度。そうした制度が用意されていれば、別にわざわざ忠告されなくても、もっとプロモーション志向の生き方をするようになるはず。失敗を避けようとするのは、失敗をしたら後がない社会だから。失敗をしてももう一度チャレンジできるのであれば、失敗しないようにということだけを考えて生活する必要はなくなる。

だから、今の政治が考えるべきことは、そして国民全体が考えるべきことは、どうやって再チャレンジ可能な社会を作るかということのはず。だけど、今の政治の争点は、どうやって再チャレンジする必要がない社会、つまり、今いる場所にいつまでもいることができる社会を作るかってことに集中してしまっている。

メアリー　山岸さんは日本の大学とアメリカの大学を行ったり来たりして、そういう意味でユニークな生き方をしてきた人だと思うんですが、日本人はみんな山岸さんのような生き方をすべきだとお考えなんですか？

山岸　そんなことはないですね。そもそもアメリカに留学したのだって、大学院を修了しても日本で職がなかったからです。日本で食い詰めていたところに、フルブライト財団から渡航費用を出してもらえることになり、またワシントン大学でリサーチ・アシスタントとして雇ってもらいながら大学院に通うことができることになったからです。

私自身が若いころは、日本の大学ではコネのあるなしで仕事が決まっていました。当時の私の指導教員は南博先生という、日本で社会心理学の基礎を作られたとても偉い先生で、第二次世界大戦中にアメリカで博士号をとって、戦後すぐに日本に戻ってこられた方です。だから、よくいえば日本の学界のしきたりにとらわれない先生で、だけど、自分の学生に就職先を用意することをしない先生でした。

というわけで、先生のコネを使って就職先の大学を探すこともできず、といって大学教員の一般公募もほとんどなかったので、食い詰めてアメリカに渡ったわけ。だから、ぼくの大学院の仲間たちも、ほとんどが留学しています。

メアリー　私が山岸さんにはじめてお会いしたのは、その二、三年あとの、一九七七年か七八年ごろだったと思います。そのころ私はアジア研究学部の大学院生で、二人ともワシントン大学が提供している夫婦学生用のアパートに暮らしていましたね。最初にお会いしたのも、そのアパートでのパーティーだったと思います。

山岸　いまでもよく覚えています。大学院の成績が落ちるとリサーチ・アシスタントをクビになってしまうので、必死で勉強をしていたころです。だから、企業から派遣されてきた日本人の大学院生がパーティーをしているときも、ちょっとだけ顔を出して、その後は別の部屋でひとりで勉強をしていました。

というわけで、最初は食い詰めて留学したんですが、いろんな経験をすることができて結局はよかったと思っています。なかでも一番よかったのは、一つの場所にしがみつく必要はないんだということを学んだことです。そうした経験は、とくに日本の大学に戻ってから意味を持ってきました。

アメリカから帰国して、少なくとも当時の日本では常識外れのことをいろいろやりました。例えば講座の教員募集を本気で国際公募にしたこと。そしてその結果、オーストラリア人の助教授を採用したことなど、今ではある程度ふつうに見られるようになったけど、当時は学界のしきたりを破る大変なことでした。あまりに非常識な人間として学界の大物から嫌われ、山岸はけしからんという怪文書のようなものを回されたこともあったんですよ。

だけど、いろいろと大変だったけれど自分の考えたとおりに実行できたのは、「日本でダメだったら、アメリカに戻ればいい」と思えたから。当時の日本の学界はまだコネ万能の時代で、コネがあれば就職が用意されていたけど、そうした職場で勝手なことをすると仕事を紹介してくれた先生の顔に泥を塗ることになるし、そうしたら、また次の職場が紹介してもらえなくなる。だから、どうしてもプリベンション志向になってしまう。

けれど幸いぼくは日本の学界にコネがなかったし、まだ片足をアメリカに突っ込んでいた。つまり、アメリカの社会の制度を利用することができた。その制度というのは、論文と教育の質で競争するという制度。日本人だろうが、日本の大学から追い出された人間だろうが、良い論文を書き、まじめに教育に取り組む人間であることが分かれば、新しい仕事を見つけることができる。

そうしたフェアな競争が保障されていれば、何か新しいことをして失敗しても、それで終わりになることはない。

だから、ぼくがぼくなりの生き方をできたのは、そうした制度がアメリカで提供されていたからなんです。そうした社会的な基盤がないのに同じような生き方をしたほうがいいですよとは、とてもお勧めできないですね。それよりも、日本の制度も変えていったほうが、日本人にとって生きやすい社会ができるようになるんじゃないですか、ということです。

メアリー　とても面白い話だと思います。山岸さんがユニークな生き方をすることができたのは、そうすることで失うものがあまり大きくなかったから、つまり、何か違ったことをして失敗してもやり直しができると思えたから、ということですね。

「私の船が着かなければ、船まで泳いでいけばいい」という言葉を、私は家の壁にかけています。アメリカ人がよく使う表現に、「成功して金持ちになったら……したい」ということを言うときに、「私の船が着いたら……（When my ship comes in, ...）」という言い方をします。それをもじった文章なんですけど、うまくいくのをただ待っているだけではダメで、リスクを取ってでも自分でチャンスを作らないといけないということを自分に言い聞かせるためです。

労働市場の問題点は

勉強をしない高校生が
大量に生み出されたのは、
若者が
「はしごを外されてしまった」
からだと思います。

今の職場にしがみつくことも
できないし、
新しい職を見つけることも
難しそうだという、
二重の意味での雇用の不安に
今の日本人は
直面しているんだよ。

第三章　どこで自分を探すのか？

ハーバードの日本人留学生

メアリー　ちょっとクイズを出してみましょう。二〇〇九年にハーバード大学の学部に在籍している日本人の数は何人くらいだと思いますか？

山岸　ぼくが留学していたころにはワシントン大学には一〇〇人を超える日本人留学生がいたから、もっと有名なハーバード大学だったら少なくとも同程度の一〇〇人くらいは留学しているんじゃないかな？

メアリー　ブッブー。違います。二〇〇八年度の日本人の学部生はたった五人です。韓国人の四二人、中国人の三六人に比べると、圧倒的に少ないですね。

山岸　そんなに少ないんですか。ちょっとびっくり。

メアリー　ハーバード大学だけじゃなくて、アメリカのほかの大学への留学生も減っています。一〇年前の一九九九年には全米で四万六〇〇〇人くらいの日本人留学生がいたんですが、二〇〇九年には三万人くらいになっています。インドや中国からはそれぞれ一〇万人近くの学生がアメリカに来ているし、韓国からの留学生の数だって七万人を超えているんですよ。

山岸　日本は不景気が続いてるから、子どもを留学に送り出す余裕がなくなってきたんだろうか？

メアリー　そうとは言えないですね。ハーバードやプリンストンなどに代表される一流の大学では、入学を許可された学生が授業料や生活費が払えない場合には、すべての費用を大学で負担する制度があります。だから、お金がない学生でも留学は可能なはずです。

日本人の留学生が減っている理由は、いくつか考えられます。

一つは、アメリカの大学での学位が日本の社会や企業で高く評価されていないからだという可能性。ただ、この説明では、なぜ留学生が少ないかは説明できますが、なぜ留学生が減ったかは説明できないですね。

二つ目の理由は、日本人の学生が自分を売り込む能力に欠けているという可能性。アメリカの大学が入学を許可する基準として、柔軟な思考ができて、いろんなことに興味を持っている人間だということがある。それを、大学の学生選抜委員会の人たちに理解してもらう必要性がますます強くなっていますから、そうした人間であることをコミュニケートする能力に欠けている日本人が不利になっているという説明です。

ただこの説明も、一流の大学については言えるかもしれませんが、留学生の大半を占めるコミュニティー・カレッジなどについては、あまりあてはまらないように思えます。

三つ目として、日本人の若者が内向きになってきて、知らない国で知らない人たちの間で生きていく経験をあまり求めなくなってきたからだ、という説明もありますね。そんなに無理をしないで、気心の知れた人たちの間で安心して暮らしていたいという気持ちが強くなってきた、という解釈です。山岸さんはどう思いますか？

山岸　ぼくはやっぱり、経済的な理由が一番大きいと思う。奨学金とかが用意されていても、そうした条件に達する人たちは留学生の数パーセントだし、留学生のほとんどは自分でためたお金や親から出してもらったお金でコミュニティー・カレッジなどに入学する学生だから。それに、アメリカへの留学生は減っているけど、これからの発展が期待されるアジアの国々や、もっと安く英語を学ぶことができる国に留学生が流れている、ってことも考えられる。

もっとも、ハーバード大学への留学生が減っているという点に限って言えば、ぼくも経済的な理由は関係ないと思う。

それから、三つ目の、日本の若者たちが内向きになってきたという説は、「ひきこもり」の話ともつながっているし、現象としてはそうなんだろうと思います。だけどぼくは、こういった現象を、「最近の若い者は……」という話にはしたくない。なぜそうなったのかという理由についてちゃんと考える必要があるから。

ひきこもりとか内向きというのは若者たちだけの話ではないし、ビジネスのガラパゴス化（特殊化された日本のマーケットでしか通用しない製品に特化したビジネス）などの話にもつながっていて、結局この本のテーマそのものなんだと思う。

メアリー　そうですね。他の国の人たちがますます外向きになっているのに比べて、日本人がますます内向きになっていることについては、後でもう少し私の考えをお話ししたいと思っています。

だけどその前に、ここで一つ指摘しておきたいのは、アメリカへの留学生の減少は日本にとって大きな損失だということです。アメリカの高等教育は何といっても世界で最高水準にあるし、学生にもいろんな国からのいろいろな人たちがいて、そこから学ぶことはたくさんあるはずですから。

山岸　内向きになっているというのは、第二章で話したプリベンション志向のひとつのあらわれだよね。外に出ていろんな機会を試してみようというプロモーション志向じゃなくて、なるべくリスクの少ない安心できる状態から出たくない、という生き方。

プリベンション志向をとるかプロモーション志向をとるかというのは、ある程度は内向的・外向的というパーソナリティーの違いを反映しているんだけど、そうした違いが社会の間に見られるのは、それぞれの社会で人々が直面するリスクの種類や大きさが違うからだと思う。とくに重要なのは、チャレンジに失敗したときに、それで終わりになるかどうか。例えば、今いる大学をクビになってもほかの大学に移ることができるとか、日本の大学にいられなくなってもアメリカの大学に戻ることができるとか、そういったチャンスが社会のいろんな場所で提供されているかどうか。

リスクがとれるアメリカ社会

メアリー　確かにアメリカでは、基本的に能力があれば、学者の世界ではどこでもやっていけます。大学院を修了しPh. D.（学位・博士号）を取得すると、いろんな大学が出している助教授の募集に応募するんですが、大学院生時代に良い研究をしていると、こちらから応募しなくても、面接に来てほしいという連絡が入ることもあります。

山岸　そうですね。アメリカの大学の学部長はいつも良い教員や研究者を手に入れたいと思って、優秀そうな大学院生や若手の教員に目をつけてる。ぼくの場合も、ある大学の面接に日本から呼ばれたという話を別の大学の学部長が聞きつけて、自分のところにも面接に来てほしいと言われたことがある。

メアリー　だから、いくつもの大学から助教授で採用したいというオファーが同時に来ることがありますね。そうしたいくつかのオファーの中から、自分にとって一番よい就職先を選びます。

もちろん山岸さんも私も、ワシントン大学の出身で、評判のいい大学ではあったけれど、私立のハーバードやスタンフォード、プリンストンほど名門の大学出身というわけではありません。でも、二人とも学者の世界で能力が認められたからこそ、いろんな大学を移りながらうまくやってこられたのだと思います。

山岸 アメリカの大学は給料も年俸制で、就職を決めるときにも給料の交渉をするよね。いくつかの大学からオファーがあれば、その分だけ給料を有利に交渉することができる。就職してからも同じで、時々ほかの大学からオファーを取ってきて大学の上層部と交渉しないと、基本的に給料は上がらない。

メアリー アメリカでは、助教授（アシスタント・プロフェッサー）、准教授（アソシエイト・プロフェッサー）、教授（プロフェッサー）という順に昇進していくのですが、助教授から准教授に昇進するときには非常に厳しい審査があります。助教授までは五、六年程度の契約制をとり、そこである一定以上の業績がないとクビを切られます。契約期間に業績を上げ、実力が認められてこの審査を通れば、テニュア、つまり終身在職権が認められて、准教授に昇進します。そして、ずっとその（同じ）大学で仕事をする（研究と教育を続ける）権利が与えられるのです。
テニュア取得の難易度には、大学のレベルによって違いがあります。ハーバードやプリンストン、イェール大学など、いわゆるアイビーリーグの伝統校は非常に難しく、よほど優秀な人間でないかぎり助教授がテニュアを取って准教授に昇進する可能性は低いですね。だから、准教授や教授は下から昇進した人間ではなく、ほかの大学から引き抜いてくることになります。

山岸　アメリカ中、あるいは世界中の大学から引き抜くほうが、自分の学部にいる助教授の中から選ぶよりは、優秀な人材を准教授に登用することができるからね。ただ、そんなことができるのはハーバードなどの超一流校で、給料も研究環境もいい大学です。オファーさえ出せば多くの学者が移りたいと思っているから。

メアリー　一方、私たちの出身大学であるワシントン大学は、州立ですからテニュアを取れる可能性がそれほど低くない。私自身、最初に就職をするときにいくつかの大学からオファーがあり、その中にハーバード大学もあったのですが、助教授でハーバード大学に就職して、そのまま准教授に昇進する可能性はほとんどゼロに近かった。だから、あまり行きたくありませんでした。
ほかにも評判や条件のいい大学から助教授職のオファーがあったのですが、その中から私は、あえてシカゴ大学を最初の職場に選びました。シカゴ大学も一流の私立大学なので、テニュアが取れるかどうかについては決して安全な選択ではなく、数年にわたって研究論文を発表し続けても、テニュアが取れる可能性はよくて三〇パーセント程度です。

就職の面接では、教授や大学院生を前に講義をするのですが、その席で鋭い質問を次々に投げかけてきます。私は、「知識の交換がこんなにアグレッシブ（積極的かつ攻撃的）にできる環境があるなんて面白い！」と非常に興奮しました。私の個人的な感想では、シカゴ大学はハーバード大学よりもずっとアグレッシブな環境ですし、研究者としての競争も激しい。

その上、生活をするには決して治安がいい場所ではありませんから、私がついていた先生三人のうち、賛成してくれたのはたった一人。二人の先生に、「シカゴなんて危ない。もっと安全な場所に行きなさい」と言われました。

確かに、いろいろな意味で苦労も努力もしました。でも、そのかいあって、ふつうは六、七年かかるところを、私の場合、四年目にしてテニュアがもらえることになったんです。ほかの大学からも、テニュアつきで准教授のポストのオファーがありました。

シカゴ大学に就職するときから、テニュアが取れる可能性が高くないことは分かっているわけですから、シカゴ大学を就職先に選ぶのは、私にとってはリスキーでストレスフルな選択だったんです。でも、もしシカゴ大学をクビになったとしても、実力が伴っていれば、もう少し評判の低い（難易度の低い）大学に移ることができるんです。そういう意味でいえば、シカゴ大学でテニュアが取れないかもしれないというのは、自分でマネージ可能なリスクなんですね。このあたりが日本と大きく違うのだと思います。

システムと考え方

山岸　ほんとうにそうだと思う。万が一、メアリーがシカゴ大学をクビになったとしても、ほかの大学に移ることができる。でも、もし日本で同じような選択をしたら、一〇〇倍くらいリスキーだと言われると思う。それは、日本がやり直しのきかない社会だからなんだ。だからリスクがとれない。リスクがとれないから、みんな、外へ出てチャレンジしようとしない。だから労働力の流動性がなくなって、労働市場が発達しないという悪循環に陥る。一度出来上がってしまったそうした悪循環は、よほどのことがないと断ち切るのが難しい。

メアリー　一度そうした社会から出ることがなかったら、山岸さんのキャリアもずいぶん違っていたでしょうね。

アメリカでは、こうした人々の移動が社会を活性化しているんです。例えば会社（あるいは、私たちの場合には大学）を越えて人々が移動すると、新しい考え方ややり方が一緒にやってきます。そうした新しい考え方は新鮮だし、新しいものの見方ができるようになって変化が生まれます。

例えば私がハーバード大学に移った年には、私を含めて四人の教授が別の大学から移ってきました。そしてこの四人は、教授会で、「ハーバード式のやり方」に対して、「それはちょっと違うんじゃないか」という発言をしたんですね。プリンストン大学から移った教授は「プリンストン大学ではこうしていて、それでうまくいっていた」とか、私は「シカゴ大学では違うやり方をしていた」とか、そういった発言です。そんなことばかり言っていたものですから、古くからいる教授たちからは、これだから「新参者」は困ったものだと思われたりしたものです（笑）。

だけど、新しい人がこれまでと違った考え方ややり方を持ちこんで、今までの「何とか式のやり方」と突き合わせるのは、組織の柔軟性を高めたり、より適切な決定をするのに役に立っていると思います。

山岸　日本だと、メアリーのような人は「出羽守《でわのかみ》」と言われて嫌われますね。「アメリカでは」とか、「ヨーロッパでは」とか、国立大学を定年で退職して私立大学に移ってきた教授が「私の前いた何とか大学では」と言って、アメリカやヨーロッパ、あるいは国立大学の権威を前面に押し出して発言するのが「出羽守」です。

だから、メアリーの発言も「出羽守」だと誤解されないか、ちょっと心配ですね。それに、本書そのものが「出羽守」の話だと思われてしまうのが、一番心配。だから、蛇足かもしれないけど、ここでちょっと言わせてください。

この対談の中でメアリーは、「アメリカでは……」とか「アメリカ人は日本人と違って……」という言い方をよく使うけど、それは、アメリカのほうが優れているとか、日本人の考え方や生き方よりも、アメリカ人の考え方や生き方のほうが進んでいるという前提で言っているんじゃないってことを、読者の方々に理解していただきたいから。

これはぼく自身の発言についても言えることなんだけど、たとえば「日本人はリスクを避ける傾向が強い」というとき、だから日本人はダメなんだとか、だからアメリカ的な生き方のほうがいいんだということを言おうとしているわけではないんです。そうじゃなくて、日本の人たちが何の疑問も感じないまま当然のこととして受け入れている現実が、実はそれほど当然のことじゃなくて、もっと違った考え方とか生き方とかがあって、それは今の日本ではいけない生き方であるとか、間違った考え方であるとか思われているんだけど、そういう生き方や考え方だっていいんじゃないかと見直してみることだってできるんだよって、そういうことが言いたいんです。

そうやって今の日本の常識を見直してみると、気持ちが楽になることがあるし、もっと自由な気持ちになれるんじゃないかと思うんです。

メアリー　虎の威を借るような「出羽守」はいやですけど、そうした言い方は、ちょっと間違えると新しい意見や違った考え方を否定することにもつながりかねないですね。

山岸　私自身そろそろ定年なので、最近、何がやりたくてずっと研究してきたんだろうって時々考えることがあるんです。もちろんそれぞれの研究そのものにはそれ自体で意味があるし、だから研究をしてきたんだと言えるけど。でも、その背後に何があったんだろうと思ったりします。

そんなことを考えながら分かってきたのは、社会科学というのは、人々が自分たち自身を自分で縛りつけている状態から抜け出す助けをする学問なんじゃないかってこと。単純に言うと啓蒙ってことになって、口ひげをはやしてフロックコートを着た紳士がえらそうに説教をしている姿が目に浮かんでいやなんだけど（笑）、社会についての科学的研究というものは、結局そういうものなんじゃないかと思う。

ちょっと別の言い方をすると、ぼくが研究を通してやりたかったことは、常識を揺さぶることなんだと思う。もちろん研究そのものはとても面白いしエキサイティングなんだけど、研究だけじゃなくて、そうした研究の成果を人々の考え方のなかに反映させることって、とてもやりがいがあることだと思う。

メアリー　山岸さんは一流の研究誌に次々と新しい論文を発表して、世界中の学者の注目を集める一方、一般書を何冊も書いているのを見て、どうして一般書を書くんだろうと不思議に思っていました。一般書を書いても学者仲間での評判はあがらないのに。だけど、そういった理由だったんですね。

山岸　人間や社会について研究を進めていくと、今まで誰も疑わなかった常識が、実は間違ったものであることが分かってきます。そうした間違いを指摘することは研究論文でも十分にできるんだけど、学者相手だけじゃなく、一般の人たちにもそうした常識の間違いを知っていただきたい。ある一つの観点からしか物事を見ていないのが「常識」で、全く違う観点から見ることもできるんだよ、観点を変えたほうがうまくいくこともあるんだよ、ということを分かってほしい。

でも、学者がいくら本を書いても、そんなものの影響はたかが知れてますね。そもそも、学者の書くものは論理を通そうとするから、直感的な理解が難しくなってしまう。こうした対談だと、何とかもっと直感的に理解してもらえる表現を使うから、ふつうの本より理解しやすくなると思うけど、それでもたかが知れてます。

ほんとうに常識を変えるためには、マンガの世界で受け入れられるようなストーリーを作る必要があると思う。もちろん、マンガに限らず、小説やテレビドラマなどでも言えることだけれど、その中に今言ったようなことを「人間としてこう生きたほうが格好いいよ」というようなメッセージ性（ストーリー性）をもって描いてもらえれば、多くの人に理解してもらえるのではないかと思う。こういう新しい生き方を伝えるストーリーに対する需要は、今ものすごくあると思うんだ。ただ、どんなストーリーがいいのか分かっていないから、誰もタッチしていない。これをうまく掘り当てた人間は、ストーリーの作り手として成功するのではないかな。昔の「スポ根もの」や「根性もの」に代わる、新しい生き方のストーリーを。

マンガはもちろん、小説やテレビドラマって、簡単に言ってしまうと「文化」だよね。ぼくの見方でいえば、文化とは「生き方のストラテジー（戦略）の束」だと思う。ぼくの中にはかなり楽観的なところがあって、大衆というのはほんとうのところは賢いと思っています。だから、その時代が必要としていないストーリーは、やっぱり大衆には受け入れられないいんじゃないか、と。

マンガに描かれているストーリーはその時代を反映していると思うし、例えば二〇年、三〇年前のマンガやサラリーマン向けの週刊誌の記事を今読んだとしても、今の生き方にはあまり役に立たないと思うんだ。典型的な例が徳川家康の物語。三〇年前には家康の生き方から大いに学ぶものがあったんだと思うけれど、これからの時代にはどうか、あまり読む気もしないいんじゃないかな。かといって、それに取って代わるサクセスストーリーがないし、生き方の達人についてのストーリーもない。今の人たちには、成功のイメージもストラテジーも、大衆文化として提供されていないんだと思う。

成功ってほんとうはいろいろなレベルでそのストーリーがあると思うんだけれども、私が子どものころによく見ていた『ビーバーちゃん』とか『パパは何でも知っている』といったアメリカのテレビ番組には、サクセスストーリーが描かれていた。でも、それは別にお金儲けをすることではなくて、「市民として正直に生きていくことができる」こと、それが成功のモデルだった。全員がお金儲けをできるわけではないけれど、「こういう生き方って、やっぱり満足のいく格好いい生き方だな」ということを教えてくれた。今はそれがない。

メアリー　「成功」にはいろんな定義があるし、いろんな考え方がありますね。人々が何を成功と考えているかは、人によっても違うし、人々が自分の人生をどういうふうに語っているかにあらわれますね。

ここで興味深い言葉について紹介しましょう。あるインタビューで、「新千年紀世代」

の若いアメリカ人が言っていることです。

「仕事についてはこう思ってるんだ。仕事がちゃんとできれば長く続けることができるし、そこでいろんなことを学ぶことができるだろう、ってね。仕事がちゃんとできなかったり、あまり学ぶチャンスがなかったりしたら、多分、この仕事は自分に合ってないんだと思うだろう。そうなったら、別の仕事を探すでしょう。仕事をするって、そういうことだと思う」

もう一人の新千年紀世代の女性はこう言っています。

「仕事と家庭を両立させないといけなくなったりしたら、いろんなことを秤《はかり》にかけて、両方とも何とかできる方法を見つけると思うわ」

こういったコメントは、とてもアメリカ人的だと思います。

新千年紀世代と失われた世代

メアリー　新千年紀世代というのは、一九八〇年以降に生まれた世代のことで、新千年紀（西暦二〇〇一年からの一〇〇〇年間）に入ってから大人になった初めての世代（二〇一〇年現在で一八〜二九歳）だということで、こう呼ばれるようになったんです。アメリカを代表する世論調査会社「ピュー研究センター」が最近実施した調査（「新千年紀世代」二〇一〇年二月）で、この世代の考え方が、「X世代」（一九六五〜八〇年生まれ）、「ベビーブーマー世代」（一九四六〜六四年生まれ、私の世代です）、そして「沈黙の世代」（一九二八〜四五年生まれ）の考え方と比較されています。興味深い結果が出ているので、ここで紹介しておきましょう。

沈黙の世代というのは、大恐慌から第二次世界大戦にかけての時代に生まれた人たちで、あまり声高に自己主張することがなく、社会のためになる生き方を好ましいと思っている人たちです。ベビーブーマー世代は、一部は日本の団塊世代に当たりますが、一九五〇年代のはじめにベビーブームが終わってしまった日本よりも長く続いています。ベビーブームが終わってから生まれた人たちがX世代と呼ばれる人たちで、それに続くのが新千年紀世代です。日本の団塊ジュニア世代よりも、ちょうど一〇年ほど遅れて生まれた、アメリカ版の団塊ジュニアの世代だと言ってもいいと思います。

まずびっくりするのは、若い世代の人たちが、自分が親になることをたいせつだと思っていることです。人生で何がたいせつだと思うかという質問に対して、新千年紀世代の五二パーセントが、人生で一番たいせつなことの一つとして「良い親になること」を選んでいるんですね。それに続くのが「良い結婚をすること」（三〇パーセント）なんです。こうした回答は、「助けを必要としている人たちに援助を与えること」（二一パーセント）、「家を手に入れること」（二〇パーセント）、「宗教的な生活を送ること」（一五パーセント）、「高給の仕事に就くこと」（一五パーセント）、「自由な時間を手に入れること」（九パーセント）、「有名になること」（一パーセント）よりもたいせつだと思われています。

私が自分の学生たちにたずねても、男子学生の場合でも女子学生の場合でも、結婚する気がないと答えた学生はほとんどいないし、子どもを作りたいとは思わないと答えた学生もほとんどいません。

新千年紀世代のもう一つの特徴は、移民に対して寛容だという点です。移民はアメリカを強くすると答えている人の比率は、三〇歳以上では四割ですが、新千年紀世代では六割に達しています。

もう一つの興味深い結果として、「アメリカでは、いろいろなことがうまく進行している」という意見に賛成する人の比率が、新千年紀世代の若者のほう（四一パーセント）が、三〇歳以上の人たち（二六パーセント）よりも高いということです。若者と三〇歳以上の人たちとの差はピュー研究センターが調査を始めた一九九〇年以降で一番大きくなっているんです。二〇〇八年の金融危機以来、就職状況がきわめて厳しくなっていることを考えると、そんなに多くの若者たちが「世の中はうまくいっている」と思っているのは、ちょっと驚きですね。

とくに、私が『失われた場を探して』の中でロストジェネレーションと呼んだ、希望を失っているように見える同世代の日本の若者たちとくらべると、この違いはとても印象的です。

自分探し

山岸　メアリーがロストジェネレーションと呼んでいる日本の若者たちの特徴の一つに、「自分探し」があるんじゃないだろうか。「自分探し」というのは、自分はほんとうは何をしたいんだろう、どういった人間になりたいんだろう、どういった人間になって何をすれば幸せになれるんだろうといった、自分の個人的な「成功」を求めているんだと思う。

だけど、そうした「自分探し」はけっしてうまくいかないと思う。自分探しをする若者たちは、「ほんとうの自分」というものがあるはずだと思って、それを探そうとしているから。「ほんとうの自分」を見つけることさえできれば、何をしたいのかが分かるだろう、と。でも、そもそも「ほんとうの自分」がどこか心の奥底にあると考えること自体がおかしい。「ほんとうの自分」はそこに「ある」ものではなくて、「作る」ものなんだから。

ただ、日本には人々の行動を縛りつける社会的なコンストレイント（制約・拘束）、つまり世間のしがらみがたくさんあって、それがすごく強いから、自分がなりたい人間になる、自分がほんとうにしたいことをするためには、まず外部にあるコンストレイントから逃れないといけないという思いが強いのは理解できる。だから、そうしたコンストレイントを取り去った後に残ったものがほんとうの自分なんだという気持ちがあるんだと思う。それが「自分探し」の意味ではないかな。

まわりからの期待にこたえる「私」がいて、それをいやだなあと思っている。そんな「私」は私じゃなくて、「ほんとうの私」がいるはずだ、「ほんとうの私」に向かって進んでいきたい、というのが「自分探し」なんだよね。

日本に昔からあった隠遁生活へのあこがれも、基本的には今の若者たちの自分探しと同じなんだと思う。世間のしがらみから自由になった生活こそが、「ほんとうの自分」に正直な自分なのだという思いですね。

一時期、日本のマスコミでは「自分探し」がかなりポジティブに語られてましたね。「まわりからの期待のままに生きるのではなく、自分のやりたいことを自分で見つけて生きていくのがいいことだ」と。これは、日本の常識にそってマスコミが作った「ストーリー」だった。だけどこれは、新しい生き方のストーリーになることができなかった。「社会の価値とは違う自分の価値が欲しい」という想いが、自分を作るのではなく、どこかにある自分を見つける（探す）という言い方になってしまったので、おとぎ話の袋小路に入りこんでしまったから。

メアリーはこういった考え方をどう思う？

アメリカ人は"trial and error"（トライアル&エラー）

メアリー　アメリカでも一九六〇年代から七〇年代にかけては、若者たちは自分探しに熱中していたと思います。自分の中にある「ほんとうの自分」を見つける、ということですね。

だけど最近では、少し様子が違ってきてますね。自分の内側に潜り込んで「ほんとうの自分」を見つけるんじゃなくて、自分の外側に出かけることで自分を見つけるという態度が見られるようになっています。何か新しいことをやってみると、新しい経験や知識を得ることができる。例えば高校を卒業して大学に入学する前に一年間の自由な時間を作るとか、大学にいる間にも大学を離れて自由な活動をするとか、卒業後に一年間自由な時間を過ごしてから就職するとか。こういった活動は「ギャップ・イヤー」と呼ばれています。

アメリカでの自分探しは、自分の内側ではなく外側に目を向けるやり方に変わってきているんだと思います。自分を見つけるために、世の中と積極的にかかわっていくというやり方です。ともかく、"trial and error"（トライアル＆エラー）が重要ですね。それで、失敗したり悩んだりしながら、自分自身が何を望むか、何が得意なのか、だんだん分かるようになる。それは行動を起こすことによってしか理解できないし、時間がかかる。だから、セカンドチャンスをとって、もしかしたらサードチャンスもとることによって、徐々に分かるようになるんです。そういう意味で、外側を向いた自分探しのためには、いろいろと試してみて、そのために頑張るし我慢もします。

山岸　自分探しの目が外側に向くようになってきたというメアリーの指摘は、とても重要だと思う。アメリカの若者にとっては、「外側の世界」が、自分を制約する存在つまりコンストレイントではなくて、自分が働きかける存在として意識されているんだと思う。日本の若者にとっては、「外側の世界」はまだコンストレイントとして働いているように思えるね。

メアリー　日本にある伝統的コンストレイントの一つに、結婚適齢期がありますよね？二〇年か三〇年前、例えば一九八〇年代の日本女性の結婚適齢期は二四〜二五歳で、二八歳ぐらいまでの間に八割の女性が結婚していました。それは、社会からのプレッシャーがあったから。自分の価値観ももちろんあって、ある程度自分で決めてはいましたが、「〇〇歳だから、結婚しなくてはならない」という社会規範がものすごく強かったですよね。だけど、最近はいわゆる結婚適齢期を無視する人の数がすごく多くなったように見えます。さらに、もしかしたら結婚しない、という選択をする人も増えましたよね。これはものすごく大きな変化だと思うんですが、違いますか？

山岸　そういえば、結婚適齢期という言葉もあまり耳にしなくなったし、クリスマスケーキの例えもほとんど聞かなくなった。二五日（歳）を過ぎて売れ残ると、安く買いたたかれるという。若者が結婚しなくなったということについては、ぼくなりの考えがあるんだけど、メアリーはどう思う？

メアリー　アメリカでは、日本とくらべたら、まだ多くの人が結婚をしますね。それに、ヒスパニックや黒人だけが出生率が高いわけじゃなくて、白人もかなり子どもを産みます。白人の出生率は一・八五から一・九で、日本人の一・三五よりはかなり高い。

アメリカ人は、ある意味、すごく家族的な考え方をするし、家族が欲しいという気持ちが強いんです。結婚して、もしうまくいかなかったとしたら、離婚という選択をするかもしれない。でも、また新しい結婚相手を見つけて再婚します。離婚して再婚するのが理想的だとは言えないけれど、自分の生き方なんだから、それでも大丈夫ですね。

第四章　決められない日本人

日本人に英語は必要か？

山岸　ちょっと話題を元に戻すことにしていいですか？
　第三章で、日本の若者が内向きになっているという話をしたよね。そうだと思うんだけど、英語教育なんかは以前よりも盛んになっているんじゃないだろうか？　だから、海外に目を向けようとする気持ちは増えているような気がするんだけど。

メアリー　日本の英語教育については、いろいろ言いたいことがあります。

　日本人が英語をうまく話せるようにならないのは、日本人が引っ込み思案だからだという言い方をよくしますね。私自身がどちらかというと引っ込み思案なほうなので、言いたいことはよく分かります。だけど日本の方のそういう言い訳を耳にすると、「ちょっと待ってください」と言いたくなりますね。「私のような引っ込み思案の人間でも外国語を話せるようになるんだから、あなたにもできるはずですよ」って。

　私の知っている、日本語を習っている外国人を見ても、日本語の会話がすぐに上達するのは、外向的な性格の人が多いですね。私の性格はそうじゃない。だけど私は、間違っていてもいいからともかく試してみるという、英語で言うトライアル・アンド・エラーのやり方を使ってきました。それが日本語が上達するためにとてもいい方法だと分かったからです。そうすると、うまくいくんですね。

言葉を学ぶためには、学校で勉強するのも大事だけど、間違ってもいいからともかくその言葉を使ってみることが大事だと思います。ちゃんと正確に言えなくても、ともかく自分の伝えたいことを聞いてもらう。いくら不正確な言い方をしても、相手が友達や知り合いでなくとも、なんとか理解しようとしてくれるはずだと思います。

子どもたちが言葉をすぐに話せるようになるのは、いろんなやり方をともかく試してみるからですね。だけど、大きくなってから外国語を学ぶ場合には、「自分が間違ってるんじゃないか」ということが気になってしまいます。他の人たちに愚かな人間のように見えてしまうんじゃないかということを気にするのは、自然なことだと思います。だけど、子どものときにはそんなことは考えてなかったでしょ?

間違えるんじゃないかって心配になるのは、笑われるんじゃないかとか、失礼なことを言ってしまうんじゃないかと思うからですね? だから、正しい表現だとちゃんと知っている言い方しかしないとか、ちゃんと表現できることしか言わないというのは、短期的には合理的なやり方です。だけど、長い目で見ると、これは自分の首を絞めるやり方です。外国語をマスターするためには、少しくらい間違ってもいいからいろいろ試してみないといけないから。

　間違ってもいいから試してみるというのは、とても難しいことです。これは、自分で経験してそう思います。だけど外国語がうまくならない日本人には、こう言ってあげたい。「間違ってもいいから、ともかく言えることを言ってごらんなさい。相手はちゃんと聞いてくれるはずですよ。間違っていても大丈夫ですよ」って。

　そういえば、面白い話があります。一九七〇年代と八〇年代に日本に滞在していたころの話です。そのころは、電車に乗っていたり街を歩いていたりすると、よく若い人がやってきて、英会話の練習相手にされたものです。正直なところ迷惑でしたね。本を読んだり考えごとをしようと思っているのに、知らない人との話に付き合わされるわけですから（笑）。

　そんなわけで、あるとき、「英語でお話をしてもいいでしょうか」とたずねられて、面倒なので、「フランス語しか話せません」と答えました。そうしたら、その人はフランス語も勉強中だったので、それならフランス語で話をしたいと言われてしまいました（笑）。

　なぜこんな話をするのかというと、そのころは、英語で話をしたいと言って話しかけられる経験がとても多かったということを言いたかったからです。今では、そういうことはほとんどありません。こうした変化が生まれたのは一九八〇年代の半ばになってからのことだと思うのですが、最初はホッとしました。英語を話したいと言って邪魔をされることが減ったわけですから（笑）。だけど、今から振り返って考えてみると、ホッとしているだけじゃすまないような気がしています。この変化の背後には、もう少し深刻な変化が隠れている気がするからです。

ふつうの外国人を英会話の練習相手にしようとする日本人が減った背景として、英語を流暢に話す日本人の数が一九七〇年代や八〇年代に比べて増えているという事実があるのは確かです。だけど、それだけが理由だとは思えません。

一九八〇年代の半ば以降になると、私が日本語で話していても、そんなに変な目で見られなくなってきたんですね。もちろん今でも、私が日本語をしゃべると驚かれることはあります。だけど、驚いたりされない場合も多くなってきました。いわば、白人が日本語をしゃべるのもあたりまえに思われるようになったんですね。

そう思われるようになったのは、日本の地位、とくに経済的な地位が国際的に重要になってきたためだと思います。多くの日本人は、「日本の経済は国際的に重要な役割を果たすようになっているんだから、外国人が日本語を学ぼうとするのはあたりまえ。だから、白人が日本語を話すのもあたりまえ」と思うようになったのではないでしょうか。

こうした変化は自然なことだし、日本経済が国際的に大きな役割を果たすようになれば、日本語を話す外国人が増えるのも当然だと思います。だけどそのことは、日本人が外国語を学ぶ必要が減ってきたことを意味しているわけじゃないですよね？　グローバル化が進んで国を越えた結びつきがますます増えているわけですから、言葉の違いを越えたコミュニケーションの必要性はますます大きくなっています。

それに、英語が国際語としての役割を果たしているという事実は、厳として存在しています。そうした役割を英語が果たしていることを好ましくないと思う人もいるでしょうが、実際に英語が国際語としての役割を果たしていることは否定できません。これはビジネスの世界だけではなく、教育や科学の世界でもそうです。

だから、日本人が英語を学ぶのをあきらめて、ますます内向きになってしまったら、日本の将来はどうなるでしょう？　私はこのことを本気で心配しています。とくに、中国や韓国などの東アジアのほかの国々がこの問題に立ち向かう真剣さを考えると、日本の内向きな姿勢はとても目立つんですね。

山岸　メアリーの言いたいことはよく分かるし、日本人の内向きな姿勢が一種異常に見えるという点にも全面的に同意するけど、日本人が英語を学ぼうとしなくなっているという点は違うんじゃないだろうか。

ぼくの個人的な経験を言わせてもらうと、少なくとも大学生や大学院生は、英語を日常的に使うようになってきています。この変化は一〇年前と比べると劇的です。大学院生が海外の学会で研究発表することが日常的になったり、外国人の留学生と一緒に研究をする機会が増えたりして、英語を学ぶという態度から、英語を使うという態度に変わってきたということもあります。日本の大学すべてで同じことが起こっているとは言えないけど、それでも、全体としては、そういった方向に動いていると思う。

例えば、メアリーが今度また東京に来たときに、知らない人に英語で何かたずねてみるといい。三〇年前だったら、かなりの人が逃げ出してしまったと思う。何とか英語で答えようとする人は、三〇年前にはかなり限られていた。だけど、今では当たり前のこととして英語で答えようとする人の比率がかなり高くなっていると思う。少なくとも大学の構内では八割から九割は超えていると思う。

だけど、メアリーの言っているように、中国や韓国といったほかの国での動きに比べると、日本の動きの鈍さは驚くほどだと思う。

自分で決めたくない日本人

山岸　日本人が内向きだという点については、ぼくも同じようなことを考えてます。まわりの人たちから受け入れられるかどうかを気にしすぎて、自分で自分の行動を抑制してしまっているという点です。

社会心理学者が社会学者と違っている一番大きな点は、実験をするかどうかですね。社会学者は実験をしないけど、社会心理学者は実験をする。ということで、ここで、社会的な場面でリスクを避けようとする傾向についての、アメリカ人と日本人の違いを理解するのに役に立つ実験をひとつ紹介したいと思います。

これは、独裁者ゲームと呼ばれている実験で、参加したのは二〇〜七〇代までの一般の人たち。学生ではありません。

実験は二人一組で行い、そのうちの一人がお金を分配し、もう一人がお金を受け取るというものです。ここに三〇〇〇円あります。

二人のうちの一人は、このお金を自分と相手との間で好きなように分けます。もう一人は、お金を分ける役割の人が自分に分けてくれたお金をもらう。

こういう単純な実験。この実験でお金を分ける役割を割り当てられた人がどう分配するかは、対面する実験者にも分からないようになっている。そうした完全な匿名状態で、お金を分ける役割の人が三〇〇〇円を自分と「受け手」の間でどう分けるかを調べるのが、この実験の目的です。

ふつうの独裁者ゲーム実験は、これで終わりです。しかしこの研究では、もう一つのことを調べました。この実験に参加した人たちに、お金を分ける役割と、お金を分けてもらう役割のどちらの役割になるかを自分で選ぶことができるとしたら、どちらの役割のほうを選ぶかをたずねたんですね。メアリーはどちらの役割のほうがいい？

メアリー　私も含め、ほとんどのアメリカ人は、分けるほうがいいと言うと思います。分けてもらう役割を選ぶアメリカ人は、おそらく一割にも満たないのではないかしら。

山岸　ぼくもそう思ったんですね。分けてもらう役割のほうがいいと思う人は、ほとんどいないだろうと思っていた。でも、日本人の場合には、三五パーセントぐらいの人が、分けてもらうほうになりたいと言うんです。

メアリー　それはどうしてですか？

山岸　もちろん、分けるほうが自分で好きなように金額を決められるから、そのほうがいいに決まっているように思うよね。だけど、実は、分けるほうには責任が伴うんだよ。分けられるほうは何ももらえないかもしれないけど、勝手な奴だと思われたりするんじゃないかと心配をする必要がない。目につくことはしたくないという心理と同じで、人から非難されたりする可能性があることは避けようとする傾向の強い人は、分けてもらうほうが気が楽だと思うんじゃないかな。

メアリー　だけど、実験では、誰がどう分けたかは分からないようにして、匿名性が保障されているんでしょ？

山岸　実験ではそうなっているけど、自分で責任を取らないといけない行動は、どんな場合でもしたくない人たちがいる。できることなら何も自分で決めたくないという人たち。そういった人たちが日本人に多いことを、この実験の結果は示しているんじゃないかと思う。ただし同じ質問をアメリカ人相手にしたことはないから、とくに日本人に多いと結論することはできないけど。

この研究に参加した人たちにいろんな質問に答えてもらったところ、分けてもらうほうがいいと答えた人たちは、自律性が低い人たちだということが分かっている。また、へりくだる傾向が強く、用心深く、リスクを避ける生き方が賢い生き方だと思っている人たちだということも分かっている。さらに、この研究に参加してくれた人たちの唾液を採取して、そこに含まれているホルモンを分析すると、分けてもらうほうがいいと答えた人たちはストレスホルモンの分泌が高いことが分かった。

こうしたことを総合して考えると、分けてもらうほうがいいと答えた人たちは、自分で責任を持って行動することにストレスを感じやすく、だから自分で何かを決めて実行するよりも、人から悪く思われないように、目立たないようにしたいと思っている人たちですね。

とくに興味深いのは、分けてもらうほうがいいと答えた人たちは、個性を持つことが世の中での成功の邪魔になると考えていた点です。

メアリー 分けてもらうほうがいいと答えた人の比率は、私が考えていたよりも高いですね。要するに、目立たないようにして、自分で責任をとらないのが賢いと思っている人ですね。

賢い生き方は無難な生き方

山岸 なぜそれが賢い生き方だと思うのか？　この疑問に答えるための、もうひとつ別の実験の話をします。
この実験は、科学の世界で最も権威があるとされている研究誌のひとつである『サイエンス』で、編集者のお勧め（エディターズ・チョイス）論文として取り上げられた実験です。一般に、日本人は同調しやすく、アメリカ人はユニークさを求める傾向があると思われていますが、その理由が「デフォルト戦略」にあることを示した研究です。「デフォルト戦略」という聞きなれない言葉が何を意味するかは後で説明するとして、まず実験の内容について話します。

　この実験に参加した人は、まずアンケートに答えて、そのお礼にボールペンをもらいます。そのとき、実験者は五本のペンを差し出して、この中から好きなペンを一本お持ち帰りくださいと言います。この五本のペンのうちの四本（あるいは三本）は外側の色が同じで、残りの一本（二本）だけ色が違います。そうすると、アメリカ人は少ないほうの色のペンを取る傾向が強いのに比べ、日本人は同じ色がたくさんあるほうのペンを取る傾向が見られました（もちろんペンの色の組み合わせは、毎回変えるようにしています）。

　この結果を単純に考えると、日本人は多数派に同調する傾向があり、アメリカ人はユニークさを好む傾向があるということになるよね。実際、この実験を最初に行った心理学者たちは、日本人とアメリカ人の間に、多数派とユニークさに対する好みの違いがあるのだと説明しています。

　でも、この説明って、なんだか変だと思わない？　文房具を買いに行けばすぐに分かるけど、ペンやノートなどの文房具は、日本のほうがアメリカよりもだんぜん種類が多い。少なくとも若者の間では、ユニークなものが欲しいという好みに日米差があるように思えない。

メアリー　ほんと、そうですね。日本の商品の種類の豊富さはすごいです。娘のエマも、日本に来るとたくさんの種類のかわいいものがあるといって喜んでいます。

山岸　それなのに、実験者が差し出した五本のペンから一本選ぶとなると、日本人はたくさんあるほうを選ぶのに、アメリカ人は少ししかないほうを選ぶ。なぜだと思う？

メアリー　変ですね。

山岸　この疑問に答えるために、ちょっと工夫をしてみました。五人の人たちの目の前で最初にペンを選ぶ状況を設定してみたんですね。そうすると、アメリカ人でもたくさんあるほうのペンを選ぶようになって、日本人と差がなくなってしまった。

要するに、ほかの人たちが欲しがっているものを目の前で選ぶということになると、アメリカ人でも遠慮するんですね。実際、アメリカで教授や大学院生と一緒に中華料理を食べに行ったときに、みんなが大皿に残った最後のひと切れに手を出すかどうかを観察したことがあるんだけど、ほとんどの人は最後のひと切れには手を出さないですね。アメリカ人でも、そういうときには、やっぱり遠慮するんですよ。

メアリー　もし、最後のひと切れを自分が取るときは、「すみません」とまわりの人に声をかけてから取りますね。

山岸　私が観察していたときには、最後に残ったものは、だいたい一番の年長者が取り分けていた。若い学生にたくさん行くように。

メアリー　Yeah!　そうしないと若い人たちが遠慮してしまう。

山岸　もうひとつ工夫して、ほかの人たちがもう選び終わって、あなたに最後に選んでもらいます、という場面を設定してみた。そうすると、今度は日本人も少ししかないペンを選ぶようになって、また日本人とアメリカ人の差がなくなってしまった。ほかの人に気を遣わなくてもすむようにすると、日本人も自由に自分の好きなペンを選ぶようになるという結果です。日本人もアメリカ人と同じように、ユニークなものが好きなんですね。

ただ、この実験の目的は、実は日本人もユニークなものが好きだということを示すことにあったわけではなくて、ただペンを選んでくださいと言われたときにたくさんあるほうのペンを選ぶのは、日本人の「デフォルト戦略」なんだということを言いたかったのです。

メアリー　デフォルト戦略？

山岸　「デフォルト」という言葉はコンピュータ関係ではふつうに使われている言葉なんだけど、一般にはあまりなじみのない言葉ですね。ほかにいい表現が見つからなかったので、「デフォルト」という言葉を使うことにしています。

コンピュータ関係では、「デフォルト」という言葉は「初期設定」と訳されているんだと思う。ワープロのソフトなどでも、どのフォントを使うかいろいろ選べるようになっていますが、フォントのことをよく分かっていないと何を選んだらいいか困るでしょ。そうしたときには、何も選ばないと、最初から設定されているフォントを使うことになります。もちろんフォントだけではなく、いろんな選択ごとにデフォルト＝初期設定がされている。だから、「デフォルト戦略」というのは、とりあえず何も選ばないときに使う戦略という意味です。

メアリー　「デフォルト」という言葉の意味は分かりましたが、「戦略」って？

山岸　「戦略」という言葉は「選択のための原理」という意味ですが、単純に「選択」というふうに考えてもいい。だから、「デフォルト戦略」とは、行動の選択のための初期設定ということです。なんだかとても抽象的な言い方で分かりにくい気がしますが、多分、SPSSやSASなどの統計ソフトの例を使うと、もっと分かりやすくなると思う。

統計ソフトを使おうとすると、いろいろなパラメーターを選択しないといけない。例えば因子分析をするにあたって、いろいろある手法のうちのどの手法を使うか、因子数をどの基準を使って決定するか、因子の回転をどの方法を使って行うかなど、それぞれ決めないと分析ができない。だけどソフトを使う人が全員、どういった場合にどの手法を使い、どの基準で因子数を決めたらいいのか分かっているわけじゃない。むしろ、そういったことが分かっている人のほうが少ないんじゃないかな。ちゃんとした統計の授業をきっちりと受けていないと分からないことだから。

もしどの手法を使うか、どの基準を使うかということをちゃんと自分で決めることができないと統計ソフトが使えないとすると、ほとんどの人が使えなくなってしまう。そこで、「選ばない」という選択が用意されているんだよ。ともかくよく分からない人は、何も選ばないまま最初から用意されているデフォルトの手法や基準を使うことができるようになっている。そうすると、統計の理論が分からない人でも、とりあえずソフトを使ってそれなりの分析をすることができる。便利だよね。

メアリー　最初から「標準」として用意されている手法や基準が、「デフォルトの選択」にあたるわけですね。

山岸　そう。問題は何をデフォルトにするかが、どう決められているかってことなんだ。統計ソフトの場合にもそうだけど、だいたい一番無難なものがデフォルトに選ばれている。その手法や基準を使っておけば、間違いだと言われることが一番少ない標準的な手法や基準。それと同じことが「デフォルト戦略」についても言える。

メアリー　それじゃあ、たくさんあるほうのペンを選ぶのが日本人の「デフォルト戦略」だということは、たくさんあるペンを選んでおけば無難だということですか？

山岸　そうなんだけど、ここで重要なのは、デフォルトの設定をそのまま使うのは、どの手法や基準を使ったらいいのか分からないときだということ。統計の理論がよく分かっていて、この分析のためにはこの手法や基準を使うのが一番望ましいということを知っている人は、デフォルトの設定を使わないで、自分で選んだ設定を使いますね。

同じように、他の人がすでに選択を終わっていることが分かれば、「遠慮なく自分の好きなペンを選ぶ」ことができるので、デフォルトの選択ではなく、自分の好きなペンを選ぶことになる。そうした場合には、日本人とアメリカ人の間で、どのペンを選ぶかに違いが見られない。

「どちらでもない」

メアリー　どういう選択をするのがその場で適切なのかが分からないときに選ぶ無難な選択が「デフォルト戦略」で、それが日本人とアメリカ人で違うということですね。どうすればいいのかが分かっている場合には、私の言葉を使えば、「積極的な選択」をするようになるんだ、ということになります。

山岸さんが実験で調べているのと同じようなことに、私も世論調査で出会っています。私は質問紙を使って、いろんな質問に対する人々の回答を分析しているんですけど、いろいろな国で同じような質問をしたときに、日本人に特有の回答があるんですね。日本人は、「どちらでもない」とか「わからない」という回答をしがちなんです。

第一章で紹介した世界価値観調査（二〇〇五～〇八年実施）の例を見てみましょう。たとえば、「仕事が少ない場合、男性の方が女性より先に仕事につけるようにすべきだ」という意見に「賛成」か「反対」か、それとも「どちらでもない」かをたずねたところ、「どちらでもない」という答えを選んだ人の比率は日本が五五パーセントとずば抜けて高く、その次が韓国の三七パーセント、香港の三四パーセント、インドの二八パーセント、アメリカの二七パーセントと続いていて、イギリス（八パーセント）、フランス（八パーセント）、ドイツ（一五パーセント）、スウェーデン（四パーセント）、カナダ（八パーセント）などの欧米の国ではほとんど一〇パーセント以下です。

同じ傾向はこの質問だけではなく、別の質問でも見られています。たとえば、「あなたは、親の子どもに対する責任についてどのように考えますか？

(1)親は子どもに最良のことをしてやるべきであって、それによって自分たちの幸せが子どもの犠牲になってもやむを得ない。

(2)親には親の人生がある、親は子どものために自分たちの幸せを犠牲にすべきではない」（一九九九～二〇〇〇年実施）

という質問です。

この質問に対する「どちらでもない」という回答も、この質問をしたほぼ七〇ヵ国のなかで日本が三二パーセントと一番高く、二位のオランダ（三〇パーセント）、三位のスロバキア（二二パーセント）、四位のエストニア（二〇パーセント）、五位のイタリア（一九パーセント）などといった少数の例外を除いて、他の国での「どちらでもない」と答えた人たちの比率は、ほとんど一〇パーセント以下にとどまっています。

これ以外の、家族や性別役割についての八つの質問のほとんどすべてで、日本人の「どちらでもない」という回答はトップを占めています。

こうした回答は、日本人が家族や性別役割について煮え切らない態度をとっていることを意味している可能性はありますが、経済や政治などの別のトピックについての回答でも、やはり「どちらでもない」とか「わからない」と答える傾向が強く見られるんですね。

山岸さん、どうして日本人はちゃんと自分の意見を持っていないんでしょう？

山岸　これこそ、「デフォルト戦略」の典型ですね。そもそも質問紙に回答することは、回答する人にとっては何の意味もない行動なんだから、とりあえず無難な、当たり障りのない回答をしておけばいい。それが、匿名の質問紙に対する回答の場合でも。

当たり障りのないことを言うというのは、誰かの気に障ることを言って嫌われると困ったことになる社会では、一番無難な「デフォルト戦略」なんだ。だから、いくら匿名の質問紙に対する回答でも、ちゃんと自分の思った通りに答える理由がはっきりしていないかぎり、当たり障りのない答えをするという「初期設定」の答え方をしてしまう。

匿名の質問紙に対するデフォルトの回答という点では、面白い実験をしたことがあるよ。実験に参加した人たちに一種の知能テストをやってもらって、テストの後に質問紙で、「あなたの成績は、このテストを受けた人たちの平均よりも上だったと思いますか、それとも下だったと思いますか?」とたずねてみた。そうすると、この実験に参加した北大生の七割は、自分の成績は北大生全体の平均より下だと思うと答えている。自分の成績が平均より下だと答える傾向はアメリカ人(スタンフォード大学の学生)では見られません。

ところが、「答えが当たっていたら、余分にお金をあげます」と言って成績についてたずねると、今度はほぼ七割の人が「自分の成績は北大生全体の平均より上だと思う」と答えるようになったんですね。

ただ自分の成績についてどう思うかをたずねられた場合には、自分の意見をちゃんと表明しないといけない理由がない。そうしたときには、ともかく無難な答えをする、つまり「私は大したことはありません」と答えるというのが、デフォルトの戦略なんです。だけど、正しい回答をするとお金がもらえるとなると、自分の知能は平均より上なのかどうかをちゃんと判断して、アメリカ人と同じように、自分はほかの人たちよりも頭がいいんだと回答するようになる。

このことが何を意味するかと言うと、自分は他人よりも優れていると思いがちな傾向には文化差がないんだけど、ふつうのやり方で質問紙でたずねると、デフォルトの回答の仕方が違うから文化差があるように思えてしまう、ということです。

メアリー　そうした回答の仕方に違いがあると、私のように、研究のためにいろんな国で質問紙調査をする人は困ってしまいますね。こうした調査研究では、「わからない」とか「どちらでもない」という回答が多すぎる質問は質の悪い質問だということで、分析から外すようにします。そうなると、日本人の回答を他の国の人たちの回答と比較できなくなってしまうんですね。

だから、日本人との比較を考えている場合には、「どちらでもない」といった反応カテゴリーを入れないようにするんです。だけど、それはそれで問題を生みます。ほんとうに「どちらでもない」とか「わからない」と思っている人の意見が、調査結果に表れなくなってしまうからです。

ともかく、こうした質問紙調査に対する回答にも、社会的なリスクを回避しようとする日本人のデフォルト戦略が表れていると言えるんでしょうね。

山岸　どうしたらいいのかはっきりしていないときとか、どちらにするかを真剣に考える必要がないときには、一番無難なやり方を取るのが日本社会での賢い生き方なんだと思う。ぼくは文化による行動の違いの多くは、こうしたデフォルト戦略の違いとして理解することができると考えている。言い換えれば、無難な行動をどんなときにデフォルトでとるかが文化によって違っているんだって。

日本人にとって無難な行動は、まわりの人から非難されたり嫌われたりしない行動。よく事情が分からない時には、とりあえずそういう行動をとっておく。そういう行動をとっていると、ほんとうに欲しいものを手に入れることができなくなるというコストはあるけど、まわりの人たちから爪弾きにされてしまうという、もっと大きなコストの発生を避けることができるから。

アメリカ人にとっては、今まわりにいる人たちから嫌われても、別のチャンスがあると考えているから、自分の欲しいものを我慢してまで嫌われるのを避けるというデフォルトの行動は、あまり賢い行動ではない。それよりは、他人から非難されたり嫌われたりするかどうかを第一に考えるのではなく、自分の意見を主張し、自分の欲しいものを選ぶほうが、そうした社会では賢い行動原理になる。

たとえば、前に紹介したペン選択の実験の例だと、他人から勝手な奴だと思われたり嫌われたりすることが、どの程度、ふつうの生活の中で困った結果につながっているかが日本とアメリカで違っているから、状況がはっきりしていないときに日本人は無難な選択をするし、アメリカ人は自分の好きなものを取る。

こうした違いは、結局、ほかの人との付き合いにおけるセカンドチャンスの大きさの違いを反映している。たとえば終身雇用制が確立している社会では、今の会社をクビになった人は、別の会社で簡単に雇ってもらうことができない。だから、今の会社の仲間や上役から嫌な奴だと思われたり、嫌われたりしないようにするのが無難な行動原理だよね。

だから、日本人とアメリカ人のやり方のどちらかがより優れているというわけではなくて、日本の社会では嫌われるのを避けるデフォルト戦略がうまくいくし、アメリカの社会では自分の意見や権利を主張するデフォルト戦略がうまくいくんだと思う。

メアリー アメリカ人は、自分のしたいことを選びますね。自分のゴールに少しでも近づくように。

「ぬるま湯」が好きか?

メアリー　独裁者ゲームの実験の話に戻りますが、独裁者ゲームで「分けてもらうほうがいい」と答えた人たちは、目立たないよう、嫌われないようにするという行動を「デフォルト戦略」としてしっかり身につけている人たちですね。質問紙調査で、「どちらでもない」と答えてしまいがちな人もそうですね。そういう人たちは、ほかの人たちから嫌われやしないかということにいつも気を遣っているから、ストレスも高くなってしまう。

山岸　それだけじゃなくて、分けてもらうほうがいいと答えた人たちは、分けるほうがいいと答えた人たちよりも、自分が幸せだと思う程度も低いことが分かっている。そうしたデフォルト戦略を身につけて生きていくのは、あまり幸せな生き方じゃないんだ、と。

メアリー　なるほど、そうですね。自分がハッピーになる選択をしようとするのではなくて、ひどい目にあわなくてすむような、つまり他人からの悪い評価を避けるのに役立つ選択をしようとする。

そうした選択をしていると、マクロ社会学的にいえば変化のない停滞状態になってしまうでしょ?　そうした状況にいると、人々は互いにうまくやっているんだけど、もっといい、つまりみんながもっとハッピーになれる均衡があっても、そちらの均衡に移ることが困難になってしまいますね。

ちょっと仕事の話に戻ります。私が自分の本の中で使った例を紹介したいと思うんです。その本の中で、私は、日本の有名な銀行に勤めている中年の男性社員が、終身雇用について私に話してくれた言葉を紹介しています。この方は東大の卒業生で、日本社会での「成功者」なんですね。だけど、この方は自分の仕事について、こう言っているんです。

「自分の立場はぬるま湯につかっているようなもので、そんなに居心地がいいわけじゃあないんだけど、外に出ようとすると寒くて出られない」

この言葉を、前の章で紹介した新千年紀世代の若者の言葉と比べてみると、何という違いなんでしょう。

「仕事についてはこう思ってるんだ。仕事がちゃんとできれば長く続けることができるし、そこでいろんなことを学ぶことができるだろう、ってね。仕事がちゃんとできなかったり、あまり学ぶチャンスがなかったりしたら、多分、この仕事は自分に合ってないんだと思うだろう。そうなったら、別の仕事を探すだろうね。仕事をするって、そういうことだと思う」

こういうふうに思うのは、若い人たちだけではありません。何年か前に、ロンドンの

『サンデータイムズ』に、年をとった労働者についての記事がありました。その記事によると、イギリス人の六人に一人は、少なくとも三回は仕事を変わっています。「目の前に仕事の可能性が広がっているのに、今の仕事でみじめな思いをするのは馬鹿らしい」というわけです。

「ぬるま湯につかっている」という先に紹介した日本人の銀行員の話と比べると、何という違いでしょう。この記事は、四五歳の大卒の男性とのインタビューを紹介しています。この人は大学を出てから自分で広告会社を経営した後、自然農法の農園を始めたんですが、あまりに忙しくなって子どもと一緒の時間が取れなくなったので、大学に戻って環境評価と管理の修士号を取りました。そして、その後、環境コンサルタントとして働いています。

この人が新聞記事のためにインタビューを受けたのは、環境コンサルタントとして働き始めて三年目のことですが、そこでこんなふうに言っています。

「大学に戻るってのは、そりゃあ大きな決断でしたよ。だけど、もう一度勉強できるってのは素晴らしいことだったし、今では新しいキャリアにとても満足してるんだ」

この記事では、人材育成の専門家の次のようなコメントも載せています。

「年をとった労働者を雇うとそれなりにコストがかさむので、うまくいかなかったときのリスクが大きすぎると企業は考えがちです。しかし、年をとった労働者は経験を積んでいるので、リスクが小さいと考えることもできます」

山岸　メアリーの発言を聞いていると、日本人が「ぬるま湯」から抜け出そうとしないとか、アメリカ人やイギリス人が自分のキャリアを積極的に作り出そうとしているという違いが、一人ひとりの日本人やアメリカ人、イギリス人の選択の問題だと言っているように思われるんじゃないかと、ちょっと心配になりますね。

人の反応が気にならない場面では日本人もユニークな色のペンを選ぶように、一人ひとりの日本人は、「ぬるま湯」につかった人生よりも、もっと自分にとって意味のある仕事や人生を選びたいと思っているはず。だけど、そうした生き方をした場合に、結局まずい結果になってしまう可能性が大きいことも知っている。例えば仕事を辞めて大学に入りなおしても、新しい仕事を見つけるのはとても困難だよね。これは事実であって、思い込みじゃない。

こんなことをメアリーに言うのは釈迦に説法だと思うけど、なぜ積極的な選択をする人たちがうまくいかないのかを考える必要がある。それはもちろん、そうした人たちが企業や社会から受け入れられないからだよね。だから、無難な生き方が賢い生き方になってしまう。

それじゃあ、なぜ企業や社会はそうした人たちを積極的に受け入れないのか？　それはただ、企業の考え方が古いからだというような言い方をされると、「ちょっと待ってください」と言いたくなってしまう。もちろんメアリーがそんなことを言いたいんだとは思わないけど、世の中にはそういった論調が多すぎるから。

さっきメアリーが「均衡」という言葉を使ったけど、それは言い換えると、ほかの人たちの行動が変わらない限り、それぞれの個人にとっては今のままの行動を続けるのが一番良い結果を生み出す状態ということだよ、ね。

例えば、どの企業も中途退職者を受け入れない状態では、今の仕事にしがみつくのが最良の選択ということになる。そうなると、能力のある人たちは、オープンマーケットで評価される知識や能力ではなくて、今いる会社の中で出世するのに有利な知識や能力の涵養《かんよう》に投資するようになる。その結果、効率的でオープンな労働市場が形成されないので、企業はますます内部からの人材調達を進め、中途退職者への機会が閉ざされてしまう。

ぼくはこうした均衡が現在変化しつつあると考えています。その兆しはいろいろ見られるし、そうした兆しがある限界を超えると、急速な変化が生まれると思う。そうした均衡の変化が生まれれば、何が賢い生き方かも当然変わってきて、積極的な選択をする生き方をみんながもっとするようになるはず。

メアリー　もちろんその通りだと思います。だけど、一人ひとりの日本人が直面している問題の性質をちゃんと見極めることもたいせつだと思うんです。

例えば、三〇代前半の日本人の女性の友人が、ある日私にこんな話をしてくれました。この友人は、日本とアメリカの両方で仕事を探した経験をしています。

「日本とアメリカで仕事を探した経験から言うと、応募者の年齢をたずねてはいけないというアメリカの法律は、ほんとうにありがたいと思います。この法律があるおかげで、アメリカでは年齢に関係なく自由に自分に合った仕事に応募できるから。同じ法律が日本にあったらいいのにと思いますね。日本での募集には、ほとんど必ず三五歳以下といった年齢制限がありますから。三〇代後半とか、四〇代、五〇代になった人たちが、これまでとは違ったキャリアを試してみることができないというのは、ちょっとおかしいと思いませんか？」

山岸さん、どう思いますか？

年齢制限が、仕事を変えるにあたっての最大の障害になっていることは、リクルートが行った調査（リクルートワークス研究所『ワーキングパーソン調査２０００』）でも明らかになっています。この調査では、何が仕事を変わることに対しての障害となっているかを調べたんですが、最も多くの人たちが挙げた理由は、「年齢制限に引っかかるから」というものなのでした。四一パーセントの人たちがこの理由を挙げています。アメリカでは考えられないことです。

山岸　年齢による差別は、日本における最大の差別の一つだと思います。募集に当たっての年齢制限もそうだし、定年退職も年齢による差別だと思う。

ただ、法律を作るだけでこの問題を解決できるかというと、そうは思いません。差別を必要としている、あるいは差別を合理的にしている条件をなくさない限り、陰湿なかたちで差別が続いていくでしょう。

この問題については、かなりの時間をかけてちゃんと筋道立てて話をしないと誤解されてしまう可能性が大きいから、ここではこれ以上は言わないことにします。ただ、中途採用を増やすためには、中途退出も増えざるを得ないとだけ言っておくことにします。今のかたちでの終身雇用制と年功序列制を維持しようとする限り、中途採用に対するさまざまな制約はなくならないでしょう。これは日本社会の根本的な秩序原理を変えることにつながるので、国民全体での議論が必要なことです。

Intermission

少なくとも大学生や大学院生は、英語を日常的に
使うようになってきています。だけど、
中国や韓国といった他の国の動きに比べると、
日本の動きの鈍さは驚くほどだと思う。

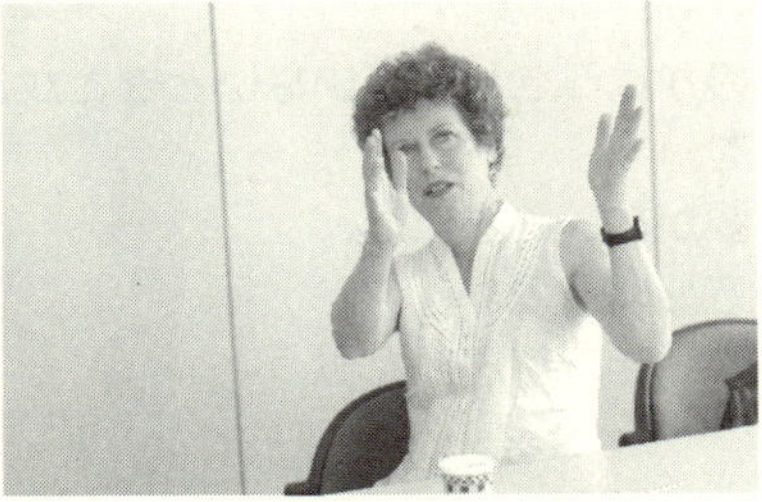

日本人が英語をうまく話せるようにならないのは、
日本人が引っ込み思案だからだとよく言いますね。
でも、私のような引っ込み思案の人間でも
外国語を話せるようになるんだから、できるはずですよ。

メアリー：いろいろな国で同じような質問をしたときに、
日本人特有の回答があるんですね。
日本人は、「どちらでもない」とか
「わからない」という
回答をしがちなんです。
どうして日本人は自分の意見を
持っていないんでしょう。

山岸：どうしたらいいのかはっきりしていないときとか、
どちらにするかを
真剣に考える必要がないときには、
一番無難なやり方を取るのが
日本社会での賢い生き方なんだと思う。

第五章　空気とまわりの目

マグリブ商人と株仲間禁止令

山岸　デフォルト戦略の話をするには、歴史をさかのぼって考えると理解しやすいと思う。そこで参考になるのが、スタンフォード大学の歴史経済学者アブナー・グライフ教授が行った、マグリブ商人連合のしくみについての研究です。

マグリブ商人というのは、一一世紀に地中海貿易で活躍したユダヤ商人たちのこと。地中海は比較的穏やかな海だけれど、当時の航海技術では当然のことながら危険が伴っていた。とくに重要なのは、マグリブ商人たちは地中海の南岸、つまりアフリカ北部を起点として地中海貿易を行っていたんだけれど、海の向こうにあるヨーロッパの都市と取引をしようとすると、エージェント（代理人）を使わないといけないという点。

今のように交通も通信も発達していない当時は、もしエージェントがいい加減な仕事をしても分からない。「今年はうまく売れなかったから、値段を安くして売りさばきました」と言って売上金をごまかされる場合だって考えられる。これでは商売にならない。エージェントを監視しようとしても、監視者を監視できなければ、監視者がエージェントに取り込まれてしまうかもしれない。

メアリー　経済学で「エージェント問題」と言われている問題ですね。

山岸　エージェントに対する信頼の問題でもあるし、経済学者が扱っているエージェント問題でもあるよね。こうしたエージェント問題に直面したマグリブ商人たちは、この問題を解決するために、自分たちの仲間としか取引をしないという手段をとった。もし、仲間うちで詐欺行為があったりしたら、ほかの仲間全員に手紙を書いて「こいつとは一切取引をするな」と、仲間全体で裏切り者を村八分にする。もし、一度裏切り者のレッテルを貼られてしまったら、自分だけではなく、子々孫々、商売ができなくなってしまう。それではリスクが大きすぎるから、仲間うちでは真面目に商売をするということになる。

マグリブ商人たちはこうしたやり方でエージェント問題を解決して、地中海貿易の覇権を握ったんだ。

マグリブ商人と同じような話は、日本の歴史にもあるんだよ。東京大学の岡崎哲二教授が研究している、江戸時代の株仲間制度の話だ。株仲間は、高校の日本史の教科書にも出てくるんだけれど、授業で習ったときには全然面白くなかった（笑）。でも、岡崎教授の論理で考えれば、とても面白いことが分かる。

江戸時代、幕府の司法制度は人員不足で、非正規の警官である岡っ引きを含めても、せいぜい一〇〇人程度で江戸の治安を担当していた。そんなわけで、刑事事件を処理するだけで手一杯で、とても民事にまでは手が回らない。だから、商売でだまされたといって奉行所に訴えようとしても、ちゃんと取り合ってもらえない。というわけで、マグリブ商人の地中海貿易と同じで、法による保護なしで商売をしなければならなかった。

そこで、江戸時代の商人たちは「株仲間」という集団を作って、その仲間とだけ取引をするという方法をとったんだ。もし、集団の中で悪いことをしたやつがいたら、株仲間から追放する。一度追放された人間は商売ができなくなるから、だったら正直に商売しましょう、というしくみを作った。こういうしくみを、ぼくは「集団主義的な秩序形成」と呼んでいる。このやり方は、法律による保護が十分に提供されていないときに、どうやって秩序を作るか考えた場合の普遍的なやり方なんだ。

面白い話があって、実は江戸時代には何回か、株仲間禁止令が出されている。「株仲間は悪徳商人が物価を吊り上げるための談合組織だ」というのがその理由。しかし、そのたびに、日本中でたちどころに物流が止まってしまった。それはあたりまえで、だまし放題の状況を作っておいて商売をしようとしてもできるはずがない。ついには江戸に物が入ってこなくなってしまい、そうなってみて「これは大変だ」ということに気づいた幕府が禁止令を撤回した。しかし、天保の改革の際、老中水野忠邦が出した株仲間禁止令がきっかけになって、幕末の大不況が引き起こされてしまった。それが遂には、幕末の騒乱にもつながっていったんだ。

メアリー　マグリブ商人や日本の江戸幕府の政策の失敗からみても、制度や法律を整備することはすごくたいせつですね。山岸さんは「集団主義的な秩序形成」とおっしゃいましたが、東洋と西洋ではそのあたりに違いがあるのではないかと思います。法律による秩序と制度の整備は、西洋の歴史をさかのぼると、古代ローマ帝国に行きつきます。地中海全域をおさめるようになったローマ帝国は、中国や東南アジア、インドなどとも貿易を行うんですね。貿易によって商業活動も繁栄して、絹や香辛料などが西洋にもたらされました。

こうした貿易をするにあたって、リスクを回避した方法は何だったのか。それは「万民法」とも言われた「ローマ法」でした。帝国の中には異なる文化や宗教、あるいは政治体制を持つ国々があって、そうした国々の間で取引を可能にするためには、すべての人に適用される法律が必要だったのです。それぞれの国が自分の国でだけ通用する慣習や倫理に従って別の国の商人と取引しようとしても、慣習や倫理が違っていれば取引することができなくなってしまいます。そうした違いを乗り越えるために、ローマ法が整備されてきたと言えます。

こうして作られてきたローマ法は、西洋の中世、近代だけでなく、現代の生活にも大きな影響を与えています。ローマ帝国の場合、貴族が貿易を担っていたという一面がありますが、貴族にとっても商業活動は非常に重要だったんですね。こうした流れをうけて、とくにルネサンス期以降、産業革命を経て、西洋では法律を整備することによって、社会秩序や制度を作り上げていったのです。

今、世界の中では、中国が飛躍的な経済発展を遂げていますが、市場のメカニズムだけではこれ以上の発展は見込めないでしょう。この点は、経済学者の方々も指摘をしていることですが、市場メカニズムを支える基盤として、世界各国を相手にしても通用する優れた司法制度を整備できるかどうかが、これからの中国の課題となるでしょう。

悪い評判

山岸　日本にも、中国ほどではないけれど、ある程度同じことが言えますね。数年前に日本でも法科大学院＝ロースクールを作ったことを、メアリーも知ってるよね。その目的のひとつは、誰もが法律をきちんと理解して使える状態を社会に作らなければいけない、ということだった。とくに外国との取引にあたっては法律の解釈が問題になることが多いので、弁護士をはじめとする法律の専門家が不足していると、円滑な経済活動ができなくなってしまう。というわけで、そのために必要な人材を育成するためにロースクールを増やした。現在のロースクール構想自体は、うまくいっているとは言い難いけれど。

話を戻すことにしましょう。繰り返しになってしまうけど、法律がちゃんと整備されていないと、日本の昔のムラ社会のように、集団主義的なやり方で社会秩序を作らざるを得なくなってしまう。つまり、みんなで監視し合って、ひどいことをしている人たちについては悪い評判を立てるようにする。そして悪い評判が立った人たちとの付き合いは避けるようにする。

こうした評判を通して秩序を作りだす「集団主義的な秩序形成」には、最近では数理生物学者たちも興味を持って、『ネイチャー』や『サイエンス』といった科学研究誌にも多くの論文が発表されているんだよ。ただしそうした科学研究誌では、「集団主義的な秩序形成」という言葉ではなく、「間接互恵性」という言葉がよく使われているけどね。「互恵性」というのは、いわゆる「お互いさま」のこと。親切にしてくれた相手には親切を返す。意地悪をされたら意地悪を返す。こうした互恵関係は、ふつうは特定の個人と個人、あるいは集団と集団との間に存在している。

この互恵性が「間接」互恵性になると、特定の個人と個人の間、あるいは集団と集団との間ではなく、個人と社会一般との間のお互いさまの関係になる。誰かに親切にすると、めぐりめぐって、ほかの誰かから親切が返ってくるという関係。「情けは人のためならず」ということわざが日本にはあるけれど、そのことわざは、まさに間接互恵性のことを言っている。

メアリー　アメリカにも、「出て行ったものは、まわり回って戻ってくる（What goes around comes around）」ということわざがあるけど、同じアイデアですね。

山岸　その通り。間接互恵性の原理は人間社会にとって基本的な秩序形成原理だと考えられているんだよ。だから、どの社会でも見られるはず。

なぜ生物学者がこの「間接互恵性」について研究をしているのかというと、それは、動物は利他的ではないのに、人間はなぜ利他的に行動することがあるんだろうという謎があるからなんだ。

つまり、なぜ人間は利他的に行動することが可能なのかということが生物学者にとっては謎で、それをどうやったら解明できるのかというのが研究の目的。もちろん、動物にも利他的に行動する面がないわけじゃないけれど、それは血縁者に対してだけで、血縁という限られた関係の中だけでしかそういう行動は見せない。

こうした生物学から動物としての人間の行動を考察するという流れは、経済学者をはじめとする一部の社会科学者の間でも根づきつつあります。

いったい生物学者たちは、ここから何を言いたいのかというと、「間接互恵性」というシステムが成り立つ場合には、「利他性」は進化可能だということです。この点について『サイエンス』や『ネイチャー』といった科学研究誌に掲載されている論文は、非常に複雑な数式を組み合わせて数理解析やコンピュータ・シミュレーションをする論文だけれど、分かりやすく言うとそういうことなんだ。

メアリー　ここで重要なことは、間接互恵性が成り立つためには、評判が重要だってことですね。みんなが評判のいい人にだけ親切に行動すると、他人に親切にする良い評判の持ち主がみんなから親切にしてもらえるようになるので、結局は得をするという話ですね。

山岸　その通り。ある集団の中で良い評判が立つと周囲のみんなからよくしてもらえて、結果的に得をする。逆に、悪い評判が一度立ってしまうと、誰も親切にしてくれないし、一度失った信用を回復するには並々ならぬ努力が必要になる。評判が媒介になっているんですね。

じゃあ、人々が評判によって行動を変えている状態、つまり親切な人には親切に、意地悪な人には意地悪に行動している状態で生きていくための基本的なストラテジーとして、どういう心構えが必要なのか。そうした状態でどうすれば有利になるかを考えるには、まず、経済学者が考える合理的な人間像を例に考えてみると、よく分かる気がします。

こうした状態で合理的な人間は、まず自分が「誰かに見られているかどうか」を考えて、見られていないときには悪いことをし、どうも見られているなと感じるときには他人に親切にする（笑）。そうすれば、必要がないときには自分の利益は誰にも渡さないで、ほかの人からは親切にしてもらえる。これが一番賢いやり方のはず。

だけど、そうした一見合理的なやり方が有利に働くためには、判断にミスがないという保証が必要なんだ。もし「誰も見ていない」と思って利己的に行動したのに、実は誰かに見られていたとする。そうすると、「あいつは人の見てないところでは自分のことしか考えない、裏表のあるやつだ」という評判が広まって、誰も親切にしてくれなくなってしまう。そうなると、場合によっては取り返しがつかない損失を被ってしまう。あいつはずるい奴だという評判が立ってしまえば、みんなの見ている前でいくら親切な行動をとっても、誰も見ていないところでは何をするか分からないやつだという評判を変えることができなくなってしまう。とくに、同じ仲間と一生付き合っていかないといけない環境では、そうした集団から仲間はずれにされると暮らしていけなくなってしまうから、それくらいなら、最初から正直に行動しておいたほうがいい。

メアリー　そうすると、仲間はずれにされないよう、いつもまわりの人たちから悪く思われないように、嫌われないようにして生きていくことが、生きていくための基本的なストラテジー、つまりデフォルト戦略になるわけですね。日本語でいう「事なかれ主義」。山岸さんの言い方をすると、こうしたプリベンション志向こそが、悪い評判を立てられないようにする最良の戦略というわけですね。

目玉の効果

山岸　ここでまた実験の話をさせてもらいます。カリフォルニア大学ロサンゼルス校のケヴィン・ヘイリーさんとダン・フェスラー教授が、アメリカ人の学生を使って行った実験です。この実験は、人間は自分が見られていることにとても敏感だということを示すものです。

この実験は、前にお話ししたのと同じ「独裁者ゲーム」を使っています。実験に参加したカリフォルニア大学の学生たちは、お金を分ける人の役割を割り当てられて、「一〇ドルをどう分けるか」を決めます。

実験の説明はコンピュータの画面で行うようになって

図2　実験に用いた画像(1)

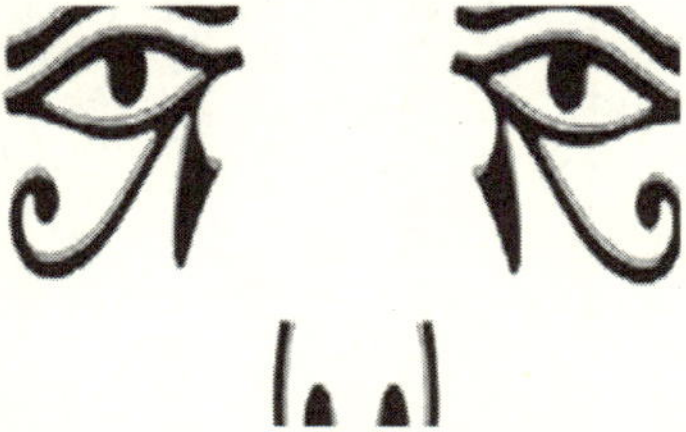

ケヴィン・ヘイリーさんとダン・フェスラー教授が実験で用いたホルス神の顔

いて、一〇ドルをどう分けるかの決定もコンピュータを通して行うようになっていたんだけど、そのときに、コンピュータの画面の壁紙が二種類用意してある。一つの画面は大学の研究室のロゴマーク。もう一つの画面には、前のページにある古代エジプトのホルス神の顔が表示されている。

ただのコンピュータ画面なんだから、実験に参加している人が誰かに見られているわけではない。関係ないと分かっているんだけど、目の画像があるだけで、この実験に参加した学生たちは一〇ドルをより平等に分けるようになった、という結果です。

ただ様式化された目が表示されているだけで、監視されている気になるんですね。これは人間の、視線に対するセンシティビティ(感受性)、あるいは監視されていることに対するセンシティビティがすごく強いことを意味しているんだよ。

ぼくも大学院生の三船恒裕さん、橋本博文さんと一緒に、これと同じような実験を、もう少し手の込んだかたちでやってみた。まず、参加者をどうでもいい基準で二つの集団に分けて、自分の集団の「受け手」と、別の集団の「受け手」に対して、分ける金額が違ってくるかどうかを調べるという実験なんだ。

同じような実験はこれまでに何度もやっていて、分ける人と受け手とがお互いにどちらの集団に属しているか知っているときには、分ける人は自分の集団の受け手に対して平等に分配する傾向にあることが分かっています。だけど、受け手が分ける人の集団を知らない場合には、分ける人は受け手が自分の集団かどうかで分ける金額を変えないことも分かっている。つまり、同じ集団の仲間だと相手に知られていると、自分の集団の人間には悪いことができないけど、相手が自分のことを同じ集団の人間だと思っていなければ、自分の仲間に対しても「旅の恥はかきすて」的にふるまうってことなんだ。

この実験でも、ヘイリーたちの実験と同様に、お金を分ける人はコンピュータ画面の前で、受け手にいくら分けるかを決めています。画面は二種類用意しておいて、ひとつは歌舞伎役者の隈どりの図、もうひとつは草原の景色にしておく。

前から分かっているように、相手が自分の集団を知らない場合には、相手が自分の集団の人だからといって特別に優遇してくれるわけではない。とくに、画面にふつうの景色が表示されているときには、相手が自分の集団の人かどうかは、分配額に全く影響しませんでした。

ところが、画面の中に目を連想させる図を出しておくと、何となく見られているような感覚にとらわれて、自分の集団の人間に対してはお金を平等に分けるようになる。つまり、自分の集団の人間から悪く思われないようにという「間接互恵性」がはたらく、ということだ。

まだ、アメリカでは同じ実験はやっていないけれど、おそらくどの国で実験をしても同じ結果になるだろうと思う。

メアリー 文化差がないということですか？ どうして？

山岸 間接互恵性が社会秩序に果たしている重要性を考えると、評判に対するセンシティビティは人類に普遍的だろうと考えられるからですね。ただ、何が評判の手掛かりになるかとか、目の画像などの手掛かりがない場合にもデフォルトで評判を気にする程度などについては、文化による違いが当然あるだろうと思う。

この点については、ペン選択の実験を思い出してもらうと分かりやすいと思う。自分の行動がまわりの人からどう思われるかを考えないといけないことがはっきりしていると日本人とアメリカ人の間に差がないんだけど、そうしたことを考える必要があるかどうかがはっきりしていないときには日米差が生まれる。つまり、何をしないといけないかがはっきりしていないときにデフォルトでとる行動には文化差があるけど、手掛かりがはっきりしていると、日本人もアメリカ人も同じ行動をとるということ。

メアリー 確かに、評判がたいせつだという点では日本もアメリカも同じですから、もしかしたらアメリカで実験しても同じ結果になるかもしれませんね。

こういう実験の結果を聞くと思い出すのが、私の大学院時代の指導教授マイケル・ヘクターが東大で、日本社会の凝集性と相互監視についての研究の話をしたときのことです。そのとき講演を聞いていた経済学者に、アメリカから日本に戻ったばかりの人がいたそうです。その人はヘクター教授のところにきて、「日本に戻ってきたら、突然、みんな自分のことを監視しているという感じがした。アメリカにいたときには全然感じなかったけれど、日本に帰国したとたん、みんなが自分のことを監視しているという感覚が呼び戻された」と言ったそうです。

山岸　日本で実際にまわりの人たちがその経済学者のことを監視していたとは思えないけど、そう感じて行動していないとまずいということを思い出したんだと思う。言葉のはしばしとか、いろんなことを手掛かりにして、ね。つまり、日本ではまわりの人たちから監視されていると思って行動することがデフォルトだってことを思い起こさせる手掛かりが、日常生活のさまざまな場面にちりばめられている。だから、突然、デフォルト戦略が切り替わってしまったんだと思う。

空気の話

山岸　まわりの人の目を気にするというのは、社会生活の基本的なストラテジーだし、生き方と言ってもいい。よくこういうことを文化の違いだとして、伝統が生み出した日本人特有の心の働きだと考えられているけれど、重要なのは、そうした行動が有利な結果を生み出す社会なのか、そうでない社会なのかということだ。

最近の日本では、若い人たちの間で、場の雰囲気に合わせて行動できない人のことをKYと言うんだけど、基本的にはそれと同じだと思います。どういう行動や態度をとるのが適切かに常に注意を払っていて、それに反する行動をしないようにデフォルト戦略を設定している。

ぼくがアメリカに留学したころの一九七〇年代の日本では、いわゆる「日本人論」が流行っていて、「世間」とか「空気」という言葉が話題になってました。ぼくがデフォルト戦略という言葉で説明しようとしていることも、三〇年も四〇年も前にすでに「世間」や「空気」という言葉で語られていたことと、基本的には同じだと思う。当時の人たちはそれが日本人の特殊性だと考えていたけど、ぼくはそうは考えていない。それは、ゲーム理論で使われている「均衡」という概念を使って説明できる現象だから。

メアリー　人々がデフォルト戦略を使うことで、そうした戦略を使うと自分にとって有利な結果が生まれる状態が発生するという議論ですね。

山岸　その通り。人々が特定のデフォルト戦略を使って行動すると、そうせざるを得ない社会的な現実が生まれてしまう。

日本人は協調性があるとよく言われるけど、みんな進んで協調しているわけじゃない。その典型的な例として、山本七平さんが一九九七年に出版した『「空気」の研究』（文藝春秋）という本で取り上げている、戦艦大和の出撃をめぐる大本営での議論がある。状況を正確に判断し、データに基づいて考えている人にとっては、大和が沖縄に到達する前に撃沈されてしまうだろうということは分かっていた。

海軍の伊藤整一長官もその一人で、大和の出撃に最後まで反対していたけれど、陸軍の上層部をはじめ、ほかの高級軍人たちは精神論を振りかざすばかりで、論理的な結論に聞く耳を持たない。みんなが精神論を振りかざしている中で冷静な判断を下しても、そうした判断は無視されるだけじゃなく、精神力が足りない証拠としてまわりの人たちから見下されてしまう。当時の軍人たちにとって精神力の不足を指摘されることは何よりも恥じるべきことで、避けなくてはならないことだった。

ここでの「空気」とは、冷静な判断は精神力の不足を意味すると誰もが思うだろうという共通理解のことだ。この共通理解の下では、伊藤長官のような胆の据わった人を除いては、誰も自分が非難されるようなこと、つまり冷静な判断は口にしない。誰も冷静な判断を口にしないので、多くの人が個人的には冷静な判断を下していても、そうした判断を口にしようとしなくなる。そのため、そうした判断を口にする人間は見下されるだろうという理解に疑いが生じる余地がなくなってしまう。こうした状況を山本七平さんは「空気」という言葉で呼んでいた。

同じような現象は日本だけで見られるわけじゃなくて、たとえば、ケネディ大統領の最大の失敗であるピッグス湾への上陸作戦の決定に際しても見られたことが、アービン・ジャニス教授たちの研究で明らかにされている。キューバ革命時にアメリカに亡命したキューバ人の非正規部隊をキューバのピッグス湾に上陸させ、カストロ政権を転覆しようとした作戦なんだけど、この作戦の決定に際して、ＣＩＡの甘い見通しをもとにした強硬な意見がその場の「空気」を作り出し、冷静な判断が抑えられてしまったという有名な話。

日本人は協調的だとよく言われているけど、その背後には同じような原理が働いている。自分から進んで協調しようとしているわけではなくて、監視されているという前提のもとで、みんなに嫌われないようにしようとしているのだ、と。そして、そうした状態では誰も反対をしないので、協調しないと嫌われるという状態が自動的に継続することになる。

メアリー　逆に言うと、そうした「空気」がない状態に置かれると、みんな自分勝手な行動をとりはじめることがありますね。「旅の恥はかきすて」というのは、そういうことを言っているんじゃないでしょうか。

協力する意思があるというシグナル

山岸　メアリーの言うとおり、日本人の場合、みんなに嫌われたくないからという気持ちが強いんだと思う。だから知らない人たちの間では、協調性がなくなってしまう。
　このことをはっきりと示している、もう一つ別の研究を紹介してもいいかな?

メアリー　お願いします。

山岸　この研究は、学生ではなくて、札幌に住んでいるふつうの人たちに参加してもらって行った研究です。この研究では、まず、研究に参加した人たちが、まわりの人に受け入れられているかどうかを気にする程度、あるいはまわりの人からどう思われているかを気にする程度を調べておきます。具体的には、次ページの表に示されている八つの質問に1(全くあてはまらない)から7(よくあてはまる)までの七段階で答えてもらって、その平均を、質問に答えた人が「まわりの目を気にする程度」の強さを示す得点とする。
　そして次に、実際にお金がかかったゲーム実験に参加してもらい、それぞれの参加者について、ほかの参加者と協力する傾向が強いか、自分の利益だけを追求する傾向が強いか

「まわりの目を気にする程度」を調べる質問

- 人が自分のことをどう評価しているかと不安になり、つい人の視線を気にする
- 何か行動するとき、結果が不安になってなかなか実行に移せないことがある
- 人と接するときには、相手との関係や地位の違いが気になる
- 私は、まわりの人たちの誰が誰に好意を持って誰を嫌っているかに、いつも気を配っている
- 私は、まわりの人たちが自分をどう思っているか、つい気になる
- 私は、まわりの人たちの誰が誰に好意を持って誰を嫌っているかに敏感なほうだ
- 私には、まわりの人たちが自分をどう思っているかふつうの人よりも敏感にわかる
- 自分の仲間との間では、意見の不一致が生じないようにしている

を調べたんですね。

以前に紹介した独裁者ゲームで、お金を平等に分配する人は協力的な人、自分だけでお金を独り占めしてしまう人は非協力的な人、あるいは利己的な傾向の強い人だということになる。この研究に参加した人には、独裁者ゲームの実験だけではなく、囚人のジレンマ・ゲームの実験、社会的ジレンマ・ゲームの実験、信頼ゲームの実験など、いくつかのゲーム実験に参加してもらい、総合的に見て

協力的な行動を取る傾向が強いか、利己的な行動を取る傾向が強いかを調べました。

さて、この実験で調べたかったのは、まわりに受け入れられているかどうかを気にしている「まわりを気にする傾向」が強い人たちは、実際にお金がかかったゲーム実験で協力的な行動を取りやすいか、利己的な行動を取りやすいかということです。

まわりの人たちに受け入れられているかどうかを気にする人は、ふつうは協調性の高い人だと思われているよね。メアリーは、匿名状況で知らない人を相手にした場合に、まわりの人たちに受け入れられているかどうかを気にする傾向が強い人はそうでない人と比べて、協力的な行動を取りやすいと思う？　それとも利己的な行動を取りやすいと思う？

メアリー　難しいですね。常識的に考えれば、まわりの人たちとの関係を気にする人たちのほうが、ほかの人たちと協力する傾向が強いはずですね。だけど私は山岸さんの研究をよく知っていて、匿名状態での社会的ジレンマ・ゲームでは、日本人よりもアメリカ人のほうが協力的に行動することを知っています。アメリカ人よりも日本人のほうが、まわりの人たちに受け入れられているかどうかを気にする傾向が強いとすると、そうした傾向が強い人たちのほうが、そうでもない人たちよりも、利己的に行動するだろうということになります。どちらが正しいんでしょうね？

山岸　この研究では、まわりの人たちから悪く思われるんじゃないかとか、まわりの人たちから受け入れられないんじゃないかと気にする人のほうが、そうしたことをあまり気にしない人よりも、実際のゲーム実験では利己的に行動していたんだ。まわりの目を気にする傾向が強い人たちは、まわりから監視されている状況では協力するんだけど、実験室で完全な匿名性を保障されると、自分の利益を優先する行動を取りやすくなる。まわりの人の目を気にする人は、目につかないところでは「旅の恥はかきすて」的に行動しがちだってこと。

それから、この研究では、「独立的（independent）」な傾向が強い人のほうが、まわりの目を気にしている人よりも、実は、ほかの人と協力することのたいせつさを理解してたんです。「独立的」な人というのは、自分の好みや意見をはっきりと持っていて、ほかの人がどう思うかをあまり考えないで、自分の意見をはっきりと主張する人たち。この研究では、次ページの八項目に対する回答の平均を使って、参加者の独立性の強さを調べています。まわりの人たちにおもねることなく、個人の意見を主張するという意味で、個人主義的な傾向の強い人だとも言える。

こうした個人主義的な、独立性の強い人たちに対して、一般の日本人はあまり良い印象を持っていないよね。協調性が低く、まわりと協力しようとしない人たちだという印象だと思う。ところが、この研究では、こうした独立心の強い人たちのほうが、そうでない人

「独立的」な傾向の強さを調べる質問

・自分の意見をいつもはっきり言う
・いつも自信を持って発言し、行動している
・自分の考えがまわりの人と違っていても、自分の信じるところを守り通す
・常に自分自身の意見を持つようにしている
・自分の考えや行動が他人と違っても気にならない
・私は、多くの点で他人と違っていたり、個性的であることを好む
・自分でいいと思うのなら、他の人が私の考えを何と思おうと気にしない
・人と話をするときには、直接的にずばりと言うほうが好きだ

たちに比べて、まわりの人たちと協力する必要性をより強く認識している、という結果が出ているんだよ。

また、そうした独立心の強い人たちのほうが、感情的知能、つまり自分や他人の感情を理解する能力が高いという結果も出ている。さらに、こうした人たちは、前に話したプロモーション志向が強いことも分かった。

メアリー　とても興味深い研究ですね。匿名状態で実験をすると、日本人よりもアメリカ人のほうが自発的に協力する傾向が強いという、山岸さんが行った実験の結果とも一致してますね。

山岸　独立的な人間というのは、ぼくの言い方でいえば、基本的に「ゲーム・プ

レイヤー」なんだ。ゲーム・プレイヤーというのは、自分が達成したい目標をちゃんと持っている。だから利己的な人だと思われやすいけど、同時に、自分一人ではその目標を達成できないことも分かっている。つまり、自分の望ましいものを達成するためには、相手に協力的に行動してもらわないといけないことを理解している。

だから、相手に協力的な行動を取らせるためには自分はどう行動したらいいか、ということを考えているのがゲーム・プレイヤー。そうするのが独立的な生き方。そうなると当然、相手に対して「自分は協力する気があるんだよ」というシグナルを出さなきゃいけない。お互いにシグナルを出し合った結果、これだったら大丈夫だから協力しよう、ということになる。

心理学に「セルフエフィカシー=自己効力感」という概念があります。自分が何かすることで環境が変えられるという考え方をさすのだけれど、この自己効力感がない人、つまり、自分がシグナルを出しても何をしても、何も変わらないんだと思っている人にとっては、ともかくみんなから嫌われないように生きていくのが一番いい生き方なんだ。そういう生き方をしている人は、自分からすすんで他人と協力関係を作っていこうというふうには思わない、いや、思えない。

メアリー ほんとにそうだと思います。まわりの人たちが自分のことをどう思っているかを気にしている人たちは、どうしたらほかの人たちと協力しあえる環境を作り出せるかを考えようとしないですから。

一つ例をあげてみましょう。

ハーバード大学で、ティーチングの方法についてのワークショップに出席したときの話です。このワークショップは、自分自身が俳優でもある演劇専門の教授が中心になって開催した、とても興味深いセッションでした。そこで彼女は、教師が自意識過剰にならないようにするための、とても有益なアドバイスを与えてくれたんです。

テニスボールを手に持って、彼女はこう言いました。

「私を見てください。そしてこのボールを見てください」

それから、出席者の中の一人と目を合わせて、その人のところにボールをゆっくり投げました。そうして、そのボールを自分のところに戻してくださいと言いました。ほかの人たちが見ている前で、何人かの人を相手に同じことを繰り返しました。

その後で、なぜそんなことをしたのかを説明してくれました。

「コミュニケーションとは、相手が受け取りやすいやり方でボールを投げるようなものなんですよ。『他の人が自分のことをどう思うだろう?』、『自分はまわりの人たちに良い印象を与えているだろうか?』、『自分は馬鹿だと思われていやしないだろうか?』、そんなことを考えていたら、相手とうまくコミュニケーションできませんね。そんなことばかり考えていたら、自分の言いたいこと（コミュニケートしようとしていること）に集中できないからです。

自分のことに注意を向けて、相手が自分のことをどう思っているかを気にするのではなくて、注意をコミュニケーションに向けるようにして、『私のゴールは私のメッセージを相手に伝え、相手に私のメッセージを理解してもらうことだ』と思うようにすれば、自分がどう思われるかといったことが気にならなくなりますね。

このことを理解してもらうために、テニスボールを投げたんです。ボールを投げるときには、相手がうまく受け取れるようにってことだけに注意を集中しますね。だから、自分がどう思われるかといったことが気にならなくなるんです。コミュニケーションの良い例だと思いませんか？

だから、みなさんにお話をする前に、みなさんからどう思われるかが気にならないようにしてみたんです」

山岸　なんだか、禅の修行みたいだね。日常の作業に集中することで無心の境地に達することができる、っていう。対人関係でも同じで、まわりの人からどう思われるかを気にしている人は、結局は自分にとらわれているってこと。個人主義的だと思われている独立的な人のほうが、むしろ、そういう意味で自分にとらわれていないんだってことだよね。

メアリー　なるほど、確かにゲーム・プレイヤーは、独立的だけれど協力的ということになりますね。

山岸さんのお話に「シグナルを出す」という話が出てきましたが、このシグナルは確かにたいせつです。そこで、私がシカゴに引っ越したときの経験をお話ししましょう。

シカゴ大学はスラム街の真ん中にあります。ですから、シカゴに引っ越すことが決まったときには、みなが口ぐちに、キケン、危ないって、私に言いました。もちろん、私自身、そういう環境で生活したことはありませんでした。大学自体はどちらかというと白人が多く、そのほかアジア系の人や黒人もいました。でも一歩大学の外に出ると、町を行きかう人は黒人ばかりです。だから私のような白人女性は、黒人の男性と道ですれ違うだけでも怖い。でも、黒人の男性も、白人女性が自分たちを怖がっていることを強く感じています。だから、黒人の男性たちは、私に対して「大丈夫だよ、心配ないよ」というシグナルを送ってくれました。

例えば、道を歩いているときに何度も経験したことですが、ふつうは面識のない人とはあまり目を合わせたりしませんよね。ところが、私が一人で道を歩いていると、黒人の男性がすれ違うときに“How're you doin'?”と言ったんです。全く知らない人なんですよ。

白人の男性には、そんなことをされたことはなかったので、「どうして黒人の男性が、見ず知らずの私にそんな挨拶をするんだろう」と思ったんです。

　でも、よくよく考えたら、それはシグナルだったんですね。「私は黒人男性だけど、大丈夫、安全ですよ。アタックしたりしないから、信用してください」ということを、“How're you doin'?”という一言に託してくれていた。そうしたシグナルを通じて、どんなに私がリラックスできたことか。そのことに気づいてからは、私も“Hi, fine, thanks”と返事をするようになりました。もちろん最初は不安でしたが、慣れてくるとやりとりを面白く感じるようになりましたし、安心できるようになりました。

　日本人って、そういうときには、目をそらすとか、視線を合わせないようにするという感じですよね。うまく言えないのですが、視線を合わせないようにすることが一つのシグナル。「目を合わせない」というのは、日本人の一つの人間関係の取り方のように思えるのですが、どうなんでしょうか。

いじめの問題

山岸　目をそらすというのは、「私は興味がないですよ」というシグナル。でも、このシグナルは、実は行動を変えさせるための一番有力なシグナルになることもある。

たとえば、日本の「いじめ」。日本のいじめはほとんどが、「無視をする」といういじめなんだ。無視されると、無視されたほうはダメージが大きい。多くの子どもたちは、無視されることに耐えられない。いじめるほうも、ただ無視しているだけじゃなくて、「無視している」というシグナルを出す。だから子どもが受けるダメージがますます大きくなる。

でも、集団主義的な秩序というのは、ある意味では、いじめが作る秩序なんだ。私の知人にインディアナ大学のエリノア・オストロム教授という、ノーベル経済学賞をもらった政治学者がいて、すごく面白い研究をいろいろ手がけている。その中に、ネパールの水利システムや灌漑システムはどうやって維持されているかという研究がある。

この研究で彼女が出した結論は、「ネパールの人たちは、お互いに監視し合い、いくつかの段階ごとにシグナルを出して注意を喚起し、それでもダメなら最終的には村から追い出す、というやり方で村社会を維持している」というものだった。

灌漑システムを作って維持管理をするという作業では、どうしたってサボる奴も出てくる。でも、最初から村を追い出すわけじゃなくて、「みんなあなたがサボっていることに気がついていますよ」というシグナルを出す。それで反応しないと、もっと直接的なシグナルを出したり行動を起こしたりして、それでもダメなら、最終的には追い出しちゃったりすることもある。たぶんこういう社会って、そうしたしくみがすごくよくできている。

別の知り合いにポリー・ウィスナー教授というユタ大学の人類学者がいて、カラハリ砂漠のクン族の研究をしてるんだけど、彼女によれば、クン族でも、獲物を独り占めしたりする人間が出てくると、まず女性たちが噂話をはじめる。それでも態度を変えようとしないと、今度はおばちゃんたちが面と向かって非難をする。男性が面と向かって非難すると喧嘩になって大変な騒ぎになるので、こうした非難をするのはおばちゃんということになってるらしい。

おばちゃんに非難されても、それだけでは大変な騒ぎにはならない。だけど、みんな自分のことを困った奴だと思ってるってことが分かるから、このままではまずいことになってしまうんじゃないかってことに気づいて、大体その辺で態度を改めるらしい。

日本でも「村八分」というルールがあったけれど、実際に村八分まで行くことはほとんどなかったみたいですね。なぜなら、村八分というのは死刑を宣告されたのと同じで、もし村から追放されるようなことになったら、ほぼ確実に死んでしまうから。だから、「お前それ、みんなは知らないと思ってるだろうけど、みんな知ってるよ」ということを、いろんな手を使って伝える。基本的に日本の昔の村は自治組織だったから、自分たちの中で秩序を維持してきた。

　こうした村八分のしくみは、実は、学校の教室で子どもたちがしていることと同じなんだ。みんなに嫌われた、というときにはこういうシグナルが来るんだよ、と。学校で起きるいじめは、そういうことに対して子どもを敏感にさせているわけ。それはたぶん、人類にとってかなり普遍的なものじゃないかと思う。歴史的にみても、そうやってずっと暮らしてきたんだから。

　ほんとうは、シカトされたって、暴力をふるわれるわけじゃないから、子どもが生きていくうえで困った結果になるわけじゃない。ご飯が食べられなくなるわけじゃあない。子どもの生存には何も関係ないはずなのに、それが耐えられない。

　どうしてそれに耐えられないか？　それは、それに耐えられたらもっと大変なことになるからなんだ。耐えられないから警告に対して反応するわけだし、反応しないとほんとうに追い出されて死んでしまう。だから、人間は、仲間に受け入れられているかどうかということに、非常に敏感に反応するように進化してきている。人間は、仲間から無視されることに対して、とても敏感な生き物なんだ。

　シカトをするという子どものいじめも、大人から見れば、シカトされたって、そんなこと無視すりゃいいじゃないかと思うんだけど、子どもにとってそうはいかない。大人だって同じでしょ。職場の同僚たちが仕事上必要なことしか口をきいてくれなくなって、冗談を言っても何の反応も返ってこなくなったら、いたたまれなくなってしまうよね。実は、ひと昔前までは、そういういじめを学校とか生活の中で経験することが、社会的な訓練だと思われていた時期があった。つまり、いじめを教育の一環として肯定的にとらえていたわけだ。その極端な例が、軍隊における新兵いじめ。あれは訓練なんだと、いじめている側は思っていた。

だから、当然いじめは、戦前のほうがもっと極端にひどかったはず。都会の子が疎開で村に行くといじめられるとか、いろいろあります。だから今は、当時に比べたら基本的にいじめが減っているはずだと思う。いじめが原因になった自殺なども報道されているけど、戦前の新聞記事にもそうした報道は見られる。現在と戦前が違うのは、大人の側が、「いじめはいいことだ」と思っていたのが、「いじめは悪いことだ」と思うようになってきているという点なんだ。昔はいじめをあたりまえのこと、むしろ好ましいことだと思っていたのが、今ではいじめを問題だと思うようになった。だから、いじめを何とかしないといけないと本気で考えるようになってきたんだ。

それはいいことなんだけど、もう一方では、いじめが作るシステム、つまり自発的な秩序の作り方のようなものがないと、ほんとうに公的な制度だけで社会を作っていかなければばならないので、それはそれですごく大変な社会になるという点にも注意を払っておかないといけないと思う。

ただ、ネパールの村やカラハリ砂漠のクン族、そして日本の昔の村なんかでは、いじめを適切にコントロールするためのしくみが整っていた。最初はほのめかす程度からはじまって、だんだん本格的な村八分へと段階を追って進んでいく。子どもたちも、若者たちの自治組織である若者組などでの暮らしを通して、どうやって自分たちで秩序を作っていくかを学習していく。今の日本の子どもたちは、互いにシグナルを出し合いながら仲間うちで秩序を作っていくための訓練の機会がないので、ほのめかしたりシグナルを出し合う段階をすっ飛ばして、一気に村八分までいってしまう。

こういう言い方をすると、いじめがいいことだと言っているように聞こえてしまうけど、そんなことが言いたいんじゃないってことは分かってくれるよね。

解決するには言葉がたいせつ

メアリー　山岸さんのお話はよく分かります。でも、誤解のないようにきちんと説明しないと、読者のみなさんは誤解してしまうと思いますよ。

アメリカでのいじめは、日本でいういじめとちょっと違う気がします。いじめのことを英語ではbullyingと言います。どちらかというと、腕力のある子が弱い者いじめをするときに使う言葉です。日本だと、ジャイアンとのび太の関係のようなもの。

私の娘は今、八年生。日本でいうと中学一年生ですが、娘の友達がこうしたbullyingの対象になっていて、学校で問題になっています。たとえば、スクールバスの中で「ここは俺の席だ！」と言って上級生が下級生を脅し、場合によっては殴る蹴るの暴力をふるう。その場合も、上の学年の子が下の学年の子に対してそういう行動をとる。同じ年齢の同じ集団の中でそういう問題は起きにくい。こうした暴力はヒエラルキー（階層）を作るというアメリカ的な行動から出てきているんだと思います。ですから、日本と違って、アメリカでは、「無視をする」というかたちのいじめは少ないと思います。

日本の中高生でも、お金をまきあげるカツアゲとか、集団で暴力をふるうリンチとかがあると聞きました。どちらかというと、そちらに近いかもしれないですね。でも、日本では、それはいじめというよりも、暴力行為とか犯罪として扱われるんですよね。

日本では今、どのように子育てをしているのか私はあまりよく知りませんが、最近のアメリカでは、教師でも親でも、子どもたちの中に何かトラブルがあったら、「言葉を使いなさい」と言います。問題を解決するには言葉が必要だから、上手い言葉を身につけてくださいと。そういうやり方が学校では流行っています。
娘が小学校の四年生か五年生のころ、学校で特別なカリキュラムがあって、授業の中でその練習をしたと言っていました。たとえば「こういう問題があったら、あなたはどうしますか」という問いに対して、一番いい解決の仕方を自分たちで考えていくのです。男の子たちはやりたくない、といった素振りを見せるし、子どもたちは「つまらない」と言っていましたが、それでもこうした試みや練習をすることによって、ある程度自分の言葉できちんと考えて説明したり、実行したりすることが身についたかもしれません。アメリカ社会で生きていくためには、そうしたスキルが必要だという指導ですね。

図3　マタニティマーク

（出典：厚生労働省）

だけど、日本の人はあまり言葉を使いたがりませんね。そういえば、こういう話があります。東京の混雑した電車の中で、図3のような「マタニティマーク」のキーホルダーをつけた女性を見かけたと、私の友達が教えてくれました。「だから、席を譲ってください」ということを言いたいんだと思います。妊娠の初期には外からは分かりにくいから、そうしたキーホルダーを身につけるのは論理的なように思えます。

だけどアメリカでは、とても考えられません。どうしてかって言うと、席が必要な場合には、「妊娠中なので、席を譲ってもらえませんか」と口にするからです。キーホルダーではなくて、口を使うんですね。

山岸　今のメアリーの話は面白いね。ぼくもどちらかというと口数が少ないほうだけど、何も言わない人は多いよね。

ちょっと前の話に戻るけど、理不尽ないじめがあったときに、「嫌われたっていい」という考えはすごく役に立つと思う。ただ、実際に「いいじゃないか」とは言えないときがある。例えば、ぼくが日本の中でしか生きていけなかったら、何とかなるさという発想はできなかったと思う。日本の中で仕事を失ったら、日本の大学で新しい仕事を見つけるのはほとんど不可能に近いから。いじめでも、転校させちゃうこともひとつの手段ではある。そうすれば、今までの関係がなくなるから。でも、もちろん友達との関係や転校先の学校でのことも考えると、そう簡単にはできないチョイスだけれど。

要するに、生き方と社会のあり方というのはやっぱり切り離せなくて、嫌われたっていいじゃないかと思えるためには、ほんとうに嫌われても困らないような環境が必要。つまりセカンドチャンスがないとダメ。ぼくが言いたいのは、いろんなオプションがないと、ともかくリスクを避けようというふうにしか行動できない。人間関係にしても、仕事や他のことを決定することに関してもそうだと思う。

それは当たり前の話で、ある種合理的な反応だし、それを、「もっとリスクをとって積極的に生きたほうがいいよ」と言うだけでは何の解決にもならない。セカンドチャンスがない状況が変わらない限りは。だから、嫌われないようにするためには、「何もしない」ということが一番いいストラテジーということにもなってしまう。

そういう基本的なストラテジーを持って、人々も、子どもたちも日々暮らしている。それは、そういうやり方、つまり「何もしない」ということが、その社会で賢い生き方になっているから。そして、みんながそういうふうに行動するから、そのしくみがますます強くなってしまう。だからますますセカンドチャンスが生まれにくい世の中になる、という悪循環に陥ってしまうんだ。

授業で質問しない学生

メアリー　人間だから、必ずコンフリクト（ぶつかり合うこと）はあります。それは理解しなくてはいけないし、そのときにどう対処するかを十分身につける必要はありますよね。確かにセカンドチャンスがないという状況では、「何もしない」ことが一番いいストラテジーということにもなるのかもしれませんが、それでは、ネゴシエーション・スキル（話し合って問題を解決する能力）が足りなくなるのではないでしょうか。でも、日本の「無視をする」といういじめを聞いていると、ネゴシエイトしようとしたら、かえって嫌われてしまうかもしれませんね。

何もしないということで言うと、日本の学生は、講義のときにほんとうに質問をしてきませんね（笑）。先日、東北大学にいる日本人の研究仲間と一緒に集中講義をしたんです。参加したのは、大学生と大学院生の全部で二二人。原則として講義は英語です。パワーポイントを使って説明しましたが、英語なのでできるだけゆっくり話すようにしました。学部生はどうだったかよくつかめませんでしたが、大学院生は十分英語を理解できていて、内容の理解に関しても問題はほとんどありませんでした。

でも、私としては、もっと質問が欲しかったですね。何がクリアでないとか、何が面白いとか、もっと知りたいこととか、そういうことでもいいのに。あまりに質問が出てこなかったのでイライラしました。日本人の友人たちから話は聞いていましたが、日本の大学で教えるのがどんなにつまらないか、よく分かるようになりました。

ただ、面白かったのは、質問のときに学生たちに対して、「英語でも日本語でもどちらで質問してもいいですよ、私だいたい日本語分かりますから」と言ったら、少しだけですが英語で質問してくれる学生がいました。

それは、日本の環境では質問するとあまりよく思われないから、日本語で質問をするとどうしてもそのことが頭をかすめてしまう。でも、英語で質問すると、気持ちもアメリカ的なスタイルになれるので、そのほうが気持ちの上では多少は楽だと。ただ、英語で質問をすることが（英語をうまく話せないから）うまくできないので、結局、質問が出ないということになったようです。でも、日本語と英語で比較したら、英語のほうが質問してくれる可能性が高いということみたいでした。英語がアメリカ的にふるまう環境にさせてくれるということなんですね。

ただ、私がいるハーバード大学は超エリート校なので、日本人のふるまいと似ているところがあります。先生もかなり高い立場にいるし、周囲の学生も非常に優秀だから、自分が質問することによって周囲に迷惑をかけたくない、という思いがあるんでしょうね。だから、私の研究室に来て話していく学生もいますが、そういう学生に対しては、授業中に私からシグナルを出します。身振り手振りを加えながら「何かある？　聞きましょうか？」とか言って、ね。そうやってシグナルを送ると、もう少し学生の参加率が上がるわけです。

引っ込み思案の学生がクラスで発言しづらいというのは理解できます。ほかの人たちがどう思うかが気になってしまうから。だから、そういう人には後で研究室に来て話をするように誘います。そうして、クラスで発言をするにはどうしたらいいか話し合います。例えば、ちょっとだけ手を挙げてくれたら、すぐに気づくようにするからと言ったりします。おしゃべりな学生が手を挙げるのと、引っ込み思案な学生が手を挙げるのでは違いますからね。

そうやって、プリベンション志向の学生がちょっとしたリスクをとるのを励ましたりするわけです。そうしたちょっとしたリスクがとれるように、環境を整えてあげるんです。それから、発言するときには必ず手を挙げることをルールにしています。なぜかっていうと、発言をしたがる学生が勝手に話し始めてしまうと、引っ込み思案の学生が発言しにくくなってしまうからです。そうなると発言好きな学生だけが話すようになって、引っ込み思案の学生がますます発言しにくくなってしまう。

そうした悪循環が生まれそうなときには、クラスをいくつかの小さなグループに分けて、その中で議論をさせ、その結果をクラスで発表させたりします。そうした小グループでの議論は、それまで話したことのない学生同士が話をする機会になるし、引っ込み思案の学生にとって、自分の意見を発言するチャンスにもなります。そうした場所で発言をすることで、自信を持ってクラス全体の前で話をすることができるようになることもあります。

山岸　ぼくも同じことをしてます。クラスをいくつかの小さなグループに分けて、そこで議論をさせて、その結果を全体で話し合う。そうやって、議論をするのがあたりまえなんだって雰囲気を作ろうとしています。

メアリー　こうしたやり方以外にもいろんなやり方を試しながら、小さなリスクをとることを通してプロモーション志向を育てるように励ましています。私自身が、学部生のころとか、大学院に入ったばかりのころはとても引っ込み思案だったんですね。人前で気軽に自分の意見を話すことができませんでした。

この本の最初にちょっとお話ししましたが、はじめて日本で暮らしたときにとても気持ちが落ち着いた一つの理由は、日本では引っ込み思案であることが当然だと思われていたからですね。だから無理して自己主張する必要もない。ホッとしました。

だけど、アメリカの大学に戻ると、そうは言ってられません。例えば、先に紹介したマイケル・ヘクター教授の大学院セミナーでは、引っ込み思案の私はとても辛い思いをしました。毎週全員が一冊の本を読んで、その内容を要約した上で批評しないといけなかったんです。だから、どうしても発言しないといけなかった。

それが結局、いい経験になったんですね。そのおかげで、人前で自分の意見を主張できるようになりました。

助教授になってシカゴ大学で教え始めたときにも、同じような経験をしました。第三章でもお話ししましたけど、シカゴ大学はとても攻撃的ですから。助教授になったわけですから、教授会に出席しないといけません。社会学部の同僚たちの多くは、私よりもずっと年長の高名な教授たちです。だから、怖かったですね。なにか馬鹿なことを言って、「どうしてこんな馬鹿を採用してしまったんだろう」と思われたりしないかって。

そういうときには、日本だったら何も言わないでじっとしていればいいですね。むしろそのほうが好ましい人間だと思われる。

だけど、シカゴ大学では、そうするわけにはいきませんでした。どうしても自分の意見を言わざるをえなかったからです。とくに、新しい教授や助教授の採用といった重要な議題があるときには、全員に発言が求められるんです。例えば、教授のポジションが一つ増えたとします。そうすると、まず、アメリカ中、世界中で活躍しているめぼしい社会学者を選びます。そうやって選んだ何人かの候補者の中から三、四人の候補者に来てもらい、研究についてセミナーで話をしてもらいます。そうやって、誰を採用するかを決めるんです。

そうした場合には、全員が候補者の本や論文を読みます。それから誰を選ぶかを決めるための教授会を開きます。とても重要な教授会ですね。大きな机の一方の端に学部長が着席して、残りの教授たちが机をとり囲んで座ります。教授会が始まると、学部長は右回りか左回りで、一人ひとりの教授たちに、それぞれの候補者をどう思うか、また誰が一番すぐれていると思うかをたずねるんです。誰も手を挙げて発言を求めたりしません。一人ずつ順番に意見を述べていきます。全員が自分の意見を述べることになっています。

まわりにいるのは高名な教授ばかりですから、若手の私にはとても恐ろしい場でした。だけど、自分の番が回ってくると必ず発言をしないといけないという決まりは、結局、すばらしい規則でした。決してそこから逃げ出すことができない。だから、ちゃんと準備をしてきて、誰が一番すぐれた候補者だと思うかを述べないといけない。ちゃんと準備をして言うことを決めていないと恥をかくことになってしまう。だから、みんなちゃんと考えた上で発言をします。

シカゴ大学で一二年間を過ごすうちに、このやり方がとても気に入るようになりました。なぜかって？　引っ込み思案ではいられない環境、自分の意見をちゃんと自信を持って主張しないといけない環境だったからです。こうした環境は、私が個人としても学者としても成長するのにとても役に立ちました。だから、こうしたシカゴ大学の教授会や、ワシントン大学でのゼミでの厳しい訓練を、ほんとうにありがたかったと思っています。

山岸　授業のときにどうして質問しないのか。それって、ぼくも、しばらくアメリカで教えた後で日本に帰って感じた一番大きな違いなんだ。日本では、大学の授業がつまらないという話がいっぱいある。教える側から見てつまらないということではなくて、教えられる学生が、「先生の話がつまらない」って言う。

だけど、一番肝心なことは、授業は教師と学生がいて成り立つということ。両方が努力しないといけない。質問されなきゃ、先生だって授業を面白くしようがない。何が分からないのか分かれば、ちゃんと教えてやろう、ってなるじゃないですか。けれども、そういうことをしないで、じーっと面白い話をしてくれるのを学生は待っている。それでは授業が面白くなるはずがない。もし、面白くなったとしても、それは落語や漫談の面白さと同じものであって、「知的な面白さ」は絶対に生まれない。メアリーもそう思うでしょ？

だから、ある年、質問したら点数をあげることにしました。「質問点をあげます」ってね。そうすると、みんな質問するようになるんです。

それはただ点数が欲しいからだけじゃない。「質問してもいいんだよ」ということが分かったからなんだ。なぜ質問をしないかというと、「こんなことを質問して馬鹿だと思われたらいやだ」というのと、「みんなの迷惑になるんじゃないか」と思っているから。ぼくはよく言うんです。「自分が分からないときはほかの人たちも分かっていないんだから、質問するとみんなのためになるんだよ」って。

小学生のときには、みんな元気に質問するのにね。中学・高校を経るうちに、質問するのはまずいことだという「空気」が生まれてしまうんだよね。それに、大学の教員の中にも、授業の邪魔になるということで質問を嫌がる人もいる。質問を授業にどう生かすかという点こそ、プロの教師としての腕の見せ所なのに。

日米の「いじめ」の違い

山岸：日本のいじめはほとんどが「無視をする」といういじめなんだ。
無視されると、無視されたほうはダメージが大きい。多くの子どもたちは、無視されることに耐えられない。

メアリー：最近のアメリカでは、教師でも親でも、
子どもに何かトラブルがあったら、
「言葉を使いなさい」と言います。
問題を解決するには言葉が必要だから、
上手い言葉を身につけてくださいと。
そういうやり方が学校では流行っています。

第六章　なぜ日本人は子どもを産まないのか？

アメリカ人は家族をたいせつにする

メアリー　これまで何度か話に出てきましたが、アメリカ人は個人主義的で自分のことばかり考えていて、家族をたいせつにしていないと思われているみたいですね。それに比べると日本人は家族をたいせつにしてるって。だけど、これはちょっとヘン。例えば次ページの表1を見てください。世界一九七の国と地域の二〇〇八年の合計特殊出生率から、いくつかの国と地域を抜き出した表です。

日本の人は、アメリカ人は日本人ほど家族をたいせつにしないと思っているんじゃないでしょうか。だけど、こうした表を見れば分かるように、出生率はアメリカや北ヨーロッパの国々のほうが日本よりも高いんです。つまり、アメリカ人や北ヨーロッパの人たちのほうが日本人よりも家族を作りたいと思っている。

もちろん、子どもを持つことだけを取り出して家族をたいせつにしていると結論することはできないけど、アメリカのほうが日本よりも出生率が高いという結果は、とても興味がありますね。実際、アメリカでは、少子化についての議論を耳にすることはほとんどないんです。

表1　主要国の合計特殊出生率

順位	国・地域	合計特殊出生率
1	ニジェール	7.15
2〜120(117を除く)	アフリカ・中東・南アジア・東南アジア・中央アジア・中南米・太平洋諸国	6.63〜2.11
121	アイスランド	2.10
123	アメリカ	2.09
124〜136(127、132を除く)	アフリカ・中東・南アジア・東南アジア・中央アジア・中南米・太平洋諸国	2.08〜1.96
137〜140	ノルウェー、フランス、スウェーデン	1.89〜1.87
141	北朝鮮	1.86
144、145	イギリス、デンマーク	1.84
146〜149	オーストラリア、イラン、フィンランド	1.83
150	タイ	1.81
152、153	ベルギー、中国	1.77
155	オランダ	1.74
163	カナダ	1.57
168〜174	スイス、スペイン、クロアチア、チェコ、ブルガリア	1.45〜1.40
176〜178	オーストリア、ポルトガル、ギリシャ、イタリア	1.38
180〜183	ロシア、ハンガリー、リトアニア	1.37〜1.34
184	ドイツ	1.32
185〜188	ルーマニア、ウクライナ、スロバキア	1.32〜1.28
189	シンガポール	1.27
190	日本	1.27
191、192	ポーランド、マルタ	1.27〜1.26
193	韓国	1.22
194	ボスニア・ヘルツェゴビナ	1.21
195	香港	1.02
196	台湾	1.05
197	マカオ	0.95

（出典：国際連合「世界の人口推計 2008 年版」）

アメリカ人の出生率について調べてみて、私自身もびっくりしました。白人女性の出生率も高いからです。アメリカ全体での出生率が二・〇九で、ヒスパニック系を除いた白人だけを取り出しても一・八五あります。一般には、アメリカの出生率が高いのは、子どもをたくさん作るヒスパニック系の移民のせいだと思われていますが、白人の間でも出生率がかなり高いんです。

世界価値観調査や第三章で紹介したピュー研究センターのデータを見ても、アメリカでは若者でも家族がたいせつだと思っていることが分かります。

山岸　先進国の中でもアメリカが特別なんですか？

少子化の波

メアリー　必ずしもアメリカだけじゃないですね。先の表を見ても分かるように、先進国の中でも、北欧や西ヨーロッパの国々は、その他の先進国に比べて出生率が高いですね。

この点について説明するためには、人口問題の専門家が第二の人口転換と呼んでいる現象についてお話しする必要があります。

一九世紀から二〇世紀の中ごろまでにかけて、ヨーロッパの国々では近代化が進むにつれて公衆衛生や医療が発展し、そのため死亡率、とくに幼児死亡率が減少することで急激な人口増加が起こりました。いくつかの発展途上国では、今でもそうした人口増加が起こっています。

この人口増加の後に出生率の低下が続きます。その主な原因は、子どもを産んで育てるためのコストが大きくなったから。社会の産業化がある程度進んでくると、義務教育をはじめとして教育に時間とお金がかかるようになる。そのため、子どもから回収できる〝収益〟よりも子どもを育てるためのコストのほうが大きくなってしまい、子どもを産むことが投資として割に合わなくなったんですね。

このことを説明するために、人口学者ジョン・カルドウェルは、「世代間の富の流れ」という言葉を作って、二〇世紀の中ごろになると先進国では世代間の富の流れが逆転したのだとしています。産業化前の農業社会では、子どもたちはあまり長期間学校に通ったりしないで、小さなうちから田畑や家業で働いていました。だから、富は子どもから親に向かって流れていたんですね。子どもを育てるコストよりも、子どもの働きから生まれる収益のほうが大きかった。

だけど、産業化が進んで義務教育が一般的になり、子どもを働かせることを禁止する法律ができたりすると、富の流れが逆転してしまいます。子育てのコストのほうが、子どもの働きから生み出される収益よりも大きくなってきます。

こうした変化が、第一の人口転換です。こうした変化は、産業化が進行するとどの国でも普遍的に起こるとされています。ただ、人口学者にとって謎なのは第二の人口転換、つまり、こうした出生率の低下の範囲を越えた、極度な出生率の低下なんです。

一九八〇年代までは、出生率が極度に低下することを人口学者は誰も予想していませんでした。出生率が一・五とか一・三を割り込むような事態です。だけど現在では、表にもあるように、ヨーロッパ、とくに南ヨーロッパの国や、日本や韓国、台湾をはじめとする東アジアの国では、こうした出生率の極端な低下が見られています。

出生率は日本でも低いですが、イタリアやスペイン、ギリシャなどの地中海沿岸諸国、ロシア、ハンガリー、ルーマニア、ウクライナ、ポーランドなどの旧ソ連圏の東ヨーロッパの国々、それから台湾、香港、マカオ、韓国、シンガポールなどの東アジアの儒教文化圏の国々なども、日本に負けず出生率が低くなっています。子どもを産んで家を継がせることを重視してきた儒教文化圏の国々でこうした急激な出生率の下落が起きているのは、とても興味深いと思います。

これに対して同じヨーロッパでも、スウェーデン、ノルウェー、デンマークなどの北欧諸国やフランス、イギリス、アメリカなどでは、人口減少が起こらない水準に近い程度の出生率が保たれています。

世界全体から見ると、北欧やイギリス、フランスなどの西ヨーロッパの国々と、日本や韓国などの東アジアの国々は、いずれも比較的所得水準が高い国ですが、そうした国の間でも出生率にかなり大きな差があるんですね。私は最近、この差がどこから来るのかを調べています。

そうした研究で分かったことのひとつは、家族や性別役割についての考え方が柔軟な国々では出生率が比較的高く、家族や性別役割について伝統的な考え方が広く受け入れられている国々では出生率が極端に低いということです。

子育てのコスト

山岸　そのことを示す興味深いデータがあります。内閣府が二〇〇一年に行った調査の結果です。次ページの図4を見ていただければ分かるように、男性が家事に多くの時間を使っている国々のほうが、男性があまり家事を手伝わない国々よりも、高い出生率を示しているんです。

メアリー　男性が家事に参加するというのは、家族や性別役割についての考え方が柔軟だ

図4　男性の家事・育児時間と出生率（2001年）

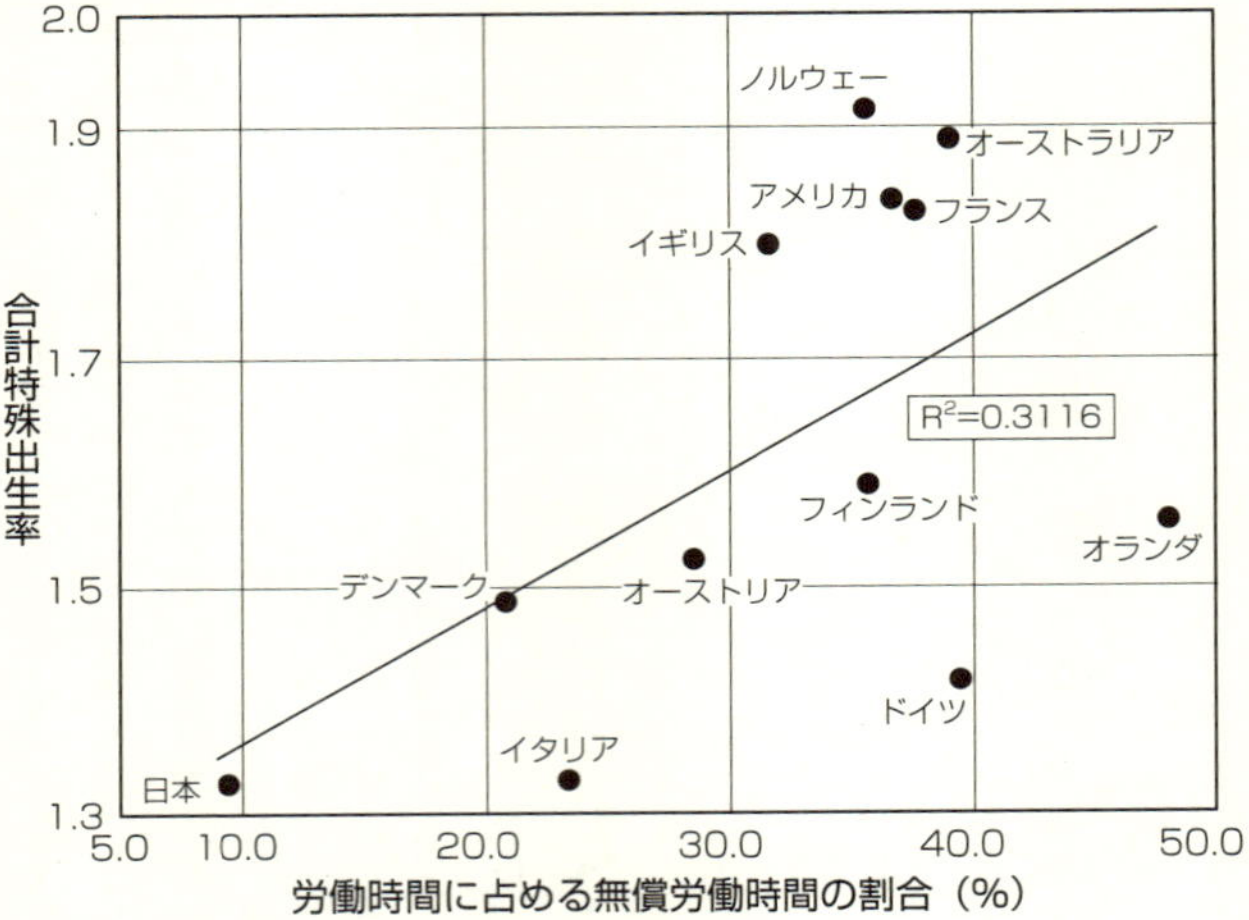

（出典：内閣府資料 2001 ／猪口邦子公式サイト）
http://www.kunikoinoguchi.jp/katsudou/pdf/190525_shiryou.pdf

ということのひとつの例ですね。こうした考え方が柔軟な国では、夫が稼いで妻が家事や子育てをするというやり方以外にも、夫と妻が収入に関しても家事に関しても平等に貢献するというやり方や、一緒に暮らしていても結婚はしないというやり方など、家族や子どもを持つために、それぞれの人の好みや必要性に応じたいろいろなやり方が取れるんです。こうした国々では、出生率がある程度の水準に保たれています。

　これに対して、産業化が進み収入が増えたのに、子どもを産んで育てるためにはちゃんと結婚していないといけないとか、家事や子育ては女性の責任だという伝統的な家族や性別役割についての考え方を維持している国では、出生率が極端に低くなっているんですね。日本や韓国、台湾、シンガポールなどの、儒教の伝統が強い国々がそうだと思います。南ヨーロッパや東ヨーロッパなどにも、同じような傾向が見られます。

だから、常識とは反対のように見えるかもしれないけど、家族について柔軟な考え方をするようになった国ではあまり少子化問題が深刻になっていない。逆に、家族についての伝統的な考え方を持ち続けている国ほど、深刻な少子化が起こってるんです。

山岸　とても重要な指摘だと思う。だけど、もう少し違った見方もあるかもしれない。次ページの図5はOECDの高所得二三ヵ国だけを取り出して、そこでの一人当たりの国民所得と出生率の関係を見た図です。世界全体を見ると、一人当たりの国民所得が増えるほど出生率は減っているんだけど、ある程度豊かな国だけを見ると、豊かになるほど出生率が増えている。

メアリーが言ったように、産業化が進むと子育てのコストが子どもからの収益を上回るようになってくる。子どもの労働力をあまり使えなくなるし、老後の安定のための保険としての意味も小さくなる。だから、将来の暮らしのための保険としては、子どもはあまり有利な投資対象ではなくなる。これが第一の人口転換の理由。

図5　先進国における所得水準と出生率との相関（2005年）

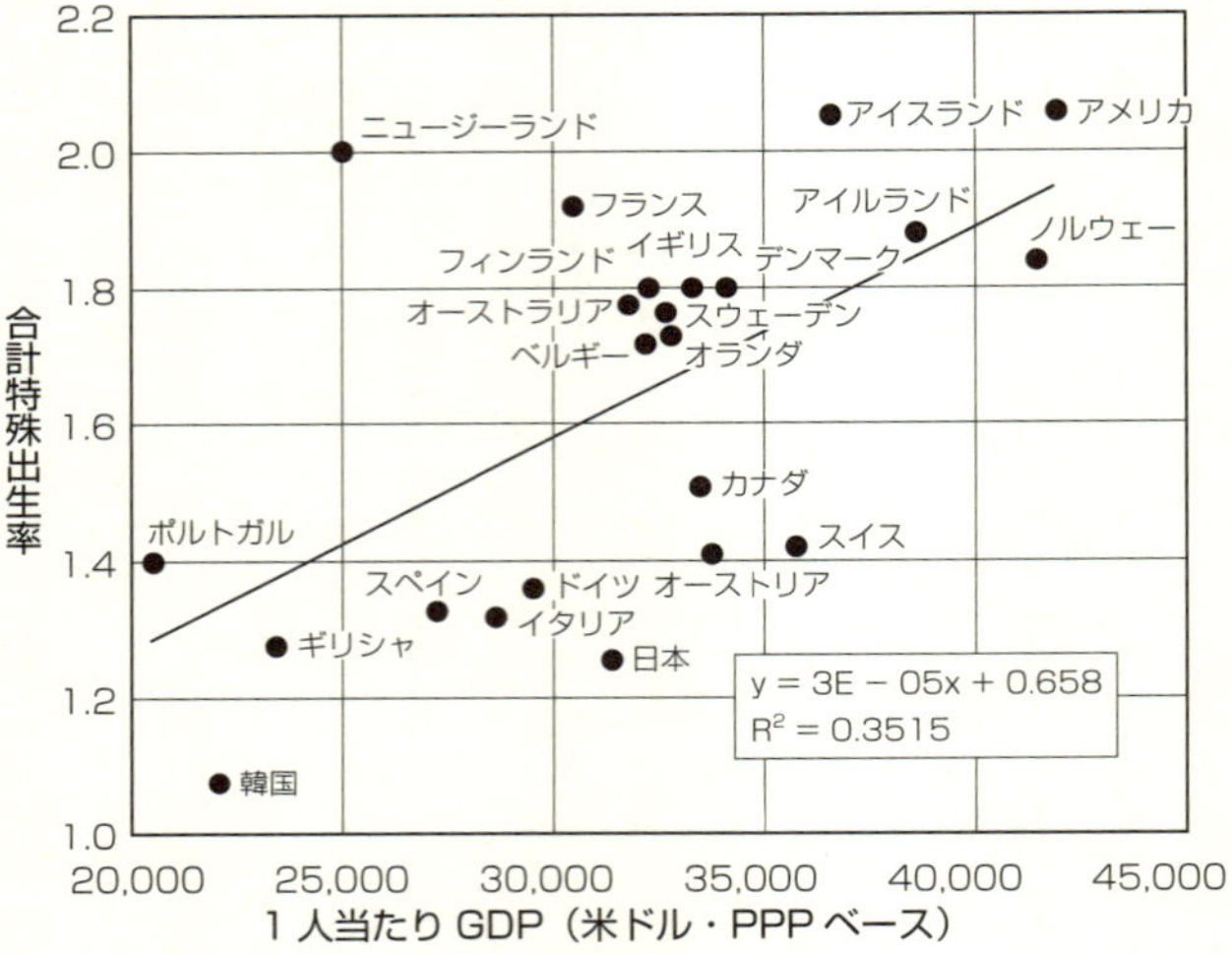

（注）ルクセンブルクを除くOECD高所得国23ヵ国
（出典：WDI Online 2007.6.30／社会実情データ図録）
http://www2.ttcn.ne.jp/honkawa/1563.html

だけど、子どもから得られる収益は、経済的な収益だけじゃないよね。経済的にはコストになっても、それ以外の面での子どもからの収益が経済的コストを上回っているかもしれない。子どもを持つことで得られる最大の収益は、子どもからのアフェクション、つまり情愛だと思う。だから、子どもを持つかどうかの決定は、最終的には、経済的なコストと非経済的な収益との相対的な大きさによって決まってくるはず。

そうなると、言い方は悪い

けど、子どもを持つかどうかの決定は、アフェクションの源としての子どもを手に入れるために、どれだけのコストを負担できるかに依存する。貧乏人には手に入れられない高級車や豪邸を金持ちが購入できるのと同じように、金持ちは、手に入れるのに大きなコスト（金銭、時間、気遣い、など）がかかる子どもを持つことができるようになる。これが、この図のひとつの解釈だと思う。

この観点からすると、家族や性別役割についての考え方は、子どもを持つコストを減らす働きをするというふうに考えることができる。とくに女性にとって、家事や子育ての負担がすべて降りかかってくる状態で子どもを持つのはコストが大きすぎる。だけどそのコストを男性が負担してくれることになれば、子育てのコストが下がって、今までは高嶺の花だった子どもを手に入れることができるようになる。

メアリー　子どもを持たない理由についての調査の結果も、そうした結論を支持していると思います。この調査は、慶応義塾大学の津谷典子教授がアメリカ人の人口学者たちと共同で、四五〇〇人の二〇歳から五〇歳の日本人男女を対象として実施した質問紙調査です。

この調査では、「夫婦が最初の子どもを持つことを決めるうえで」、一般的に何が重要だと考えられていると思うかについてたずねています。その結果、「とても重要」だと答えた比率が一番多かったのは「教育費」と「その他の子育ての費用」、そして「夫婦で楽しむ時間」でした。「とても重要」と「ある程度重要」を合わせると、「その他の子育ての費用」が飛びぬけて重要だと考えられていることが分かりました。

それから、この調査で分かったもう一つの興味深い事実は、「教育費」と「子育ての気苦労」については男女ともに重要だと考えているのに対して、「その他の子育ての費用」、「妻の仕事（就労）」、「妻の年齢」、「夫婦で楽しむ時間」については、男性よりも女性のほうがずっと重要だと考えているという点です。

この違いは、金銭的なコストだけではなく、金銭以外の子育てのコスト、つまり子育てをすることであきらめなければならない仕事とか個人的な楽しみが、とくに女性に集中していることを意味しているんだと思います。

山岸　家族や性別役割についての伝統的な考え方にしばられていると、子育てのコストが女性に集中することになる。だからいくらアフェクションが欲しいと思っても、アフェクションから得られる心理的な収益よりも、金銭的、非金銭的なコストのほうが大きくなってしまう。だから子どもを持つことをあきらめることになる、って話ですね。ぼくもその通りだと思う。

ただ面白いのは、伝統的な考え方にしばられていても、ほんとうに伝統的な生き方が強制されているわけではないということ。ほんとうに伝統的な生き方が強制されていたら、しばらく前までの日本のように、結婚適齢期になると結婚させられてしまうし、子どもを産むようにというまわりからの圧力にも抵抗できない。だから、伝統的な考え方がある程度ゆるんでいるのに、一部には根強く残っているというのが、日本をはじめとする東アジアの状況なんだと思う。

結婚しないといけないとか、子どもを産まないといけないという圧力に抵抗できる程には伝統的な規範がゆるんでいるんだけど、家事や子育ては女性の仕事という考え方から自由になるほどにはゆるんでいない。

メアリー だから、少子化問題を解決する一つの手がかりは、家族や性別役割についてももう少し柔軟な考え方を広めることにあるんだと思います。子育てのコストを女性だけに負担させないようにするっていうことです。そうやって子育てのコストが下がれば、子どもがもう少し「お値打ち」になってくる（笑）。

コストの問題をもう少し一般化すると、男女の間でコストを分担するだけではなく、子どもを持たない人たちも含めて、社会全体で子育てのコストを分担することももっと考えるべきです。「子ども手当」もそうした考え方にもとづいているんだと思いますが、保育施設の充実なども含めて、社会全体でコストを分担していけば、子どもの「お値打ち感」

はもっと強くなると思います。

アフェクションに対する需要

山岸　それから、子どもからのアフェクションに対する需要が増大していることも、少子化の今後を占う上で重要な要因だと思う。「アフェクション」というのは日本語で表現するのが難しい言葉で、「愛情」と言ってもいいんだけど、正確に言うと愛情から意識的な部分を取り去った、表情やしぐさや言葉などに表現された愛情表現だと思ってください。

これに関しては、面白い調査結果がある。平成七（一九九五）年度の『国民生活白書』に出ているデータなんだけど、男の子か女の子かどちらか一人しか持つことができないとしたら、男の子と女の子のどちらが欲しいですかという調査。

今からほぼ四〇年前の一九七二年には、男の子が欲しいという人が五二パーセントに対して、女の子が欲しいという人が一九パーセントで、男の子を欲しいという人が圧倒的に多かった。それが一〇年後の一九八二年になると、男の子が五二パーセント、女の子が四八パーセントと、男児と女児に対する好みがほぼ拮抗するようになって、八七年には男の子が三七パーセント、女の子が六三パーセントと、完全に逆転してしまった。そして一九九二年になると、男児に対する好みが二四パーセントに減ってしまい、女児に対する好みが七六パーセントまで上昇しています。

こうした女児に対する好みの急速な増大は、親にとっての子どもの意味が急速に変化してきたことを意味しているんだと思う。昔からの男児に対する好みは、男児が家業を継続し、将来親の生活の面倒を見てくれることに対する期待があったからなんだけど、こうした期待は、第一の人口転換とともに薄まっていった。つまり、子どもが将来の自分（および自分の子孫）の生活の安定に対する投資として役に立たなくなると、そうした面での期待を主として担っていた男児に対する好みが減少することになる。

これに対して、子どもから得られる非経済的な収益であるアフェクションに対する需要は、少なくとも相対的に高まっているはずだ。対人コミュニケーション能力の欠陥と結びついているとされる自閉症やアスペルガー症候群などが圧倒的に男性に多いこと（対人コミュニケーションよりも物理的な環境の処理を得意とする男性脳が極端化したのが自閉症であるという、自閉症の極端男性脳理論が、自閉症研究で有名なバロン゠コーエンにより提唱されている）などを考えると、コミュニケーションを通してアフェクションをやりとりする相手としては、男の子よりも女の子のほうが好ましいということになる。極端な少子化の進行とともに生じた女児に対する好みの増加は、アフェクションの提供者としての子どもに対する需要の増加を意味しているように思われるんだ。

東アジアの国々では、儒教が強調する親孝行の教えが広く受け入れられていたため、アフェクションの提供者としての子どもの重要性が十分にアプリシエイト（理解）されてこなかった。だから、将来の経済的収益を求めての投資としての子どもに対する需要がなくなると、少子化が急速に進行することになった。だけど、女児に対する好みの増加を示す調査の結果は、子どもからのアフェクションの重要性が理解され始めていることを意味しているんだと思う。

だから、これから子どものアフェクションに対する需要が増加するにつれ、女の子に対する好みがますます強くなっていくと思う。その結果、少子化の傾向もある程度は逆転すると思う。

メアリー　アフェクションが欲しいということが子どもを持つ理由、というのは分かります。そういうふうに考えると、将来への投資先としての子どもへの需要が低下することで出生率が下がってはいるものの、アメリカ人の出生率がそれほど低くなっていないという事実もある程度理解できます。子育てのコストが男女で分担されているだけではなく、子どもからアフェクションが欲しいという気持ちを、アメリカ人が強く持っているからということになりますね。

そのことと同じかどうか分かりませんが、アメリカ人は非常に家族をたいせつに考えていて、そのため、子どもが欲しいと思うのではないでしょうか。私も独りではさみしいし、家族が欲しいと思いましたが、離婚後、残念ながら素敵な男性と出会う機会がなくて（笑）、四〇歳という年齢になったときに、たまたま縁あって今の娘を中国から迎えることができました。

では、どうして家族が欲しくなるのか。それは、家族と同じような愛情をコミュニティーから得ようと思っても、無理だからではないでしょうか。個人主義とか自立が進んだ国では、社会に対してそういうことを求めようとしても叶わない。殺伐とした世の中で、自分が愛情を感じられるのは、家族と一緒に過ごしている時間だけなのかもしれません。

山岸　だからぼくは、日本でも自律的な生き方をする個人が増えると、子どもに対する需要が増加するだろうと思っているんです。逆説的に聞こえるかもしれないけど。先ほど紹介した女の子に対する好みが増えていることを考えると、そうした傾向ははじまってるんだと思う。

メアリー　私の場合、生まれたばかりの娘を家族に迎えたので、赤ちゃんのときから育てています。あれから、もう一三年が経ちました。ワーキングマザーでシングルマザーという生活は大変ですが、それ以上に喜びが大きいですね。娘とはいつも一緒にいたいですし、夏休みだったこともあって、今回日本に来るときにも連れてきました。お年ごろになって私の言うことをきかなくなってきたし、ケンカもしょっちゅうですが（笑）、やはり娘は可愛いです。

山岸　ヨーロッパやアメリカでは、コミュニティーや職場でアフェクションを手に入れることが難しくなっているので、家族がますます重要になっているんだと思う。例えば日本では、つい最近まで、職場の同僚と仕事の帰りに飲みに行って愚痴をこぼしあったり、励ましあったりするのがふつうだったよね。今でもまだ一般的だと思うけど。これは、職場で同僚たちが、アフェクションを互いに与えあっているってこと。だから、アフェクションを手に入れるために、家族に全面的に依存する必要がない。

だけど、そうしたやり方が減っていくと、アフェクションを手に入れるためには、全面的に家族に頼らないといけなくなる。そうなれば、家族や子どもに対する需要が増大するはず。東アジアのほかの国でも、いずれ同じようなことが起こると思います。

メアリー　そう考えると、アメリカと比較して日本の出生率が低いのは、まだまだ旧来の家族制度や血縁というものにとらわれていて、そのために逆説的ですが、家族のたいせつさが理解されていないからだということになりますね。だから、他人の子とか、国籍の違う子を養子に迎えようという考え方はほとんどないですし、そうした考え方には否定的ですよね。

ただ、日本にはひきこもりとか、結婚しなくなっているとか、アメリカにはない問題があります。自ら独りでいることを選ぶ、と言ったらいいのでしょうか。もし、独りでいたいというのであれば、子どもは必要ないし、第一できるわけがありません。でも、ひきこもりでも、独身でも、いつまでも親と一緒に暮らしているという状況もあるので、そのあたりがアメリカ人の私にはよく理解できていないのかもしれません。

ひきこもりと少子化

山岸　ひきこもりと少子化がつながっているかどうかは、興味ある点だよね。ひきこもりは究極のプリベンション志向だから、プリベンション志向の強い人たちは、結婚や子どもを産むことに伴う責任やリスクを避けようとしている、という解釈も可能だとは思う。
あまり無責任に子どもを産んでしまうというのは問題だけど、子どもを産むことに伴う責任やリスクを避けようとしたら、出生率が下がるのは当然だよね。子どもが大きくなってからどんな人間になるかまで親の責任だとされたら、子どもを産むことにはとてつもなく大きなリスクを伴うことになってしまうから。日本人がプリベンション志向になるのは、リスクが大きすぎるからだと繰り返し言ってきたけど、子どもの犯罪まで親の責任にする考え方は、確かに少子化を助長しているだろうなと思う。

メアリー　アメリカ人は、逆に、子どもを持つことで得られる幸せに注目する傾向が強いように思います。子どもを持つことに対するプロモーション志向が強い。実際、子どもがいることによって、私はハッピーになっていると思います。

アメリカ人は、離婚する割合も多いけれど、結婚する人も、再婚する人もたくさんいます。みんな子どもを欲しいと思っているから少子化はありません。ゲイやレズビアンのカップルでも、自分たちの子どもを持ちたいと思っています。また、子どもをたくさん産むのは、ヒスパニックをはじめ移民の人たちに限ったことではなく、いわゆるWASPといわれるアメリカの典型的な白人も、基本的にはそうです。

かくいう私も離婚経験者ですし、残念ながら再婚相手には巡り合っていませんが、家族（子ども）が欲しいと思ったので、中国人の女の子と養子縁組みをしました。その話はまた後でしましょう。

でも、ロストジェネレーションと呼ばれる高校生たちを調査してきた経験や、今の日本の格差社会といわれる問題を見ていると、非常に短絡的な話になるかもしれませんが、ハッピーじゃない人たちが多いと思います。貧しくても、ちゃんと家族（子ども）を育てて、温かい気持ちで心を通わせ合って、という幸せすら得られていないんじゃないかと。

年金問題と少子化

山岸　話の流れが違ってきてしまうけれど、少子化をすぐに年金問題と結びつけて議論するのは、あまりにも短絡的だと思う。若者の数が減ると、これから増えてくる高齢者の年金を支えられなくなると思われているけど、その問題は、実は、死ぬ二〇年も三〇年も前に仕事を辞めさせられる、定年制の存在が生み出している問題なんだ。

詳しい計算はしないけど、六〇歳を定年として、八〇歳を平均寿命とすると、今の制度では二〇歳から六〇歳までの人たちが六〇歳から八〇歳までの人たちを支えることになる。四〇歳分の人たちが二〇歳分の人たちを支えるわけだ（もちろん、それぞれの年代の人口は違うけど）。これが、これから再生医療などが発達するにつれ平均寿命が一〇〇歳まで上昇するとしたら、四〇歳分の人たちで四〇歳分の人たちを支えることになる。

これを平均寿命の一〇歳前まで働けるようにすれば、高齢化が進むほど、生産人口一人当たりの年金や医療保険の負担額は小さくなるはずだ。今の定年を平均寿命の一〇歳前の七〇歳まで引き上げれば、五〇歳分の人たちで一〇歳分の人たちを支えることになって、生産人口一人当たりの年金負担は現在の半分以下になる。平均寿命が一〇〇歳まで延びれば、年金負担は現在の一割以下になってしまう。

もちろんこの計算は人口構成を無視しているので正確ではないし、多くの人たちが生産活動に従事できる年齢が平均寿命の何歳くらい前までなのかは科学的に検討する必要があるけど、こうやって考えてみると、少子高齢化のせいだと信じられている高齢者の生活保障の問題は、実は定年制の問題なんだということが分かる。

それに、日本人がプリベンション志向になっているって話をしたけど、ぼくは、その理由の一つが定年にあると思っています。定年があっても、十分な年金が保障されていれば、老後が心配になることはない。だけど、少数の恵まれた人たちを除いては、とても十分な年金をもらっていないので、ほとんどの人は老後の生活に不安を抱いている。

そのために、老後に備えて貯金をしないといけないし、歳を取ってから再チャレンジをすることもできない。日本人の平均寿命は、一九五〇年には男性五八歳、女性六二歳で、五五歳で定年になっても、その後生きていく年数は、大体五年程度だった。定年後五年間食いつないでいく準備をするのは、それほど大変じゃない。それが今では、男性の平均寿命がほぼ八〇歳、女性が八六歳だから、定年が六〇歳になったとしても、定年後に二〇年ないし二五年程度生きていかなくてはならない。この年数を一九五〇年に戻したとすれば、三五歳から四〇歳くらいで定年になっていたのと同じことだ。

メアリー　アメリカでは、定年はありません。ある年齢でクビを切るということは、年齢による差別にあたるので、法律違反ということになるんです。

山岸　少なくともちゃんと働けるだけの体力と能力が維持されているのであれば、ある年齢に達したということだけでクビを切るというのは、女性だというだけでクビを切るのと同じで、完全な差別です。このことをもっとちゃんと考えなくてはいけない。

もちろん、歳を取ると、若者と同じような活動を同じレベルではできなくなるという面は確かにあると思う。だから、人口の大多数が若者であった時代と同じ産業構造を維持したまま、ある程度の数の高齢者が働き続けると、経済の効率は落ちると思います。だけどそうした問題は、高齢者の能力を生かすことができる方向へと産業のあり方を変えていくことで対応すべき問題だ。

だから、高齢化問題のかなりの部分は、実は産業政策の問題なんだよ。

それから、高齢者の能力という点に関しては、ＢＭＩの急速な発展を無視すべきではないと思う。ＢＭＩというのはブレイン・マシーン・インターフェイスの略で、要するに脳の活動に関連するさまざまなシグナルを取り出して外部のマシーンを直接に制御する、あるいは逆に、外部からのシグナルを直接に脳につなぐ技術を意味しているんです。

こうした技術は現在急速に発展していて、もうしばらくすれば実用化の段階に入ると考えられているんだよ。パワースーツを脳が直接にコントロールできるようになれば、若者と高齢者の体力の違いはなくなってしまう。

こうした技術は今のところ実用化に向けて動き始めた段階だから、まだふつうの人には簡単に手が出ないけど、マイカーと同じで、大量生産が始まれば急速に普及するようになると思う。それがいつになるかはまだ分からないけど、今後一〇年間に生まれる子どもたちが大人になるまでには、ある程度普及しているはずだ。

メアリー　パワースーツ産業が自動車産業にとって代わるようになる、とか?

山岸　ＢＭＩの発達は社会のあり方をかなり大きく変化させることになると思う。

それはともかく、現在の雇用システムを維持したまま定年制を廃止するのは、もちろん不可能だよ。今のシステムだと、歳を取って労働生産性が低下した労働者がいても、定年に達するまでは給料があまり大きく下がることがない。だから、定年がないと労働コストが高くなって、企業がやっていけなくなるというのが、定年制を擁護する一番の理由だと思う。労働コストがあまり高くなりすぎないように、一度全員のクビを切っておいて、安い賃金で定年後の再雇用をする必要があるということだよね。

これは、一見もっともらしく思えるかもしれないけど、本末転倒の話だよね。現在の年功序列制を大幅に改めて、生産性に合わせた賃金を支払うシステムを導入するのが先決で、そうすれば賃金を下げるために定年で全員のクビを切る必要もないんだから。

それから、少子高齢化が進行すると、いいことがたくさんある。その最たるものは、環境問題ですね。環境問題を考えたら、人口が減ったほうがいいのは決まっているでしょ。少子化は地球に一番やさしい。世界全体を見れば、人口を減らす必要があるのは誰の目にも明らかですよ。

だから、日本をはじめとする豊かな国々は、経済の活力を若者を増やすことで達成する方法をとるべきではない。そんなことをすれば、ほかの国だって同じ方法をとり続けて、地球全体の人口は果てしもなく増加してしまう。そうじゃなくて、人口が安定していても、あるいは人口が減少していってもある程度の豊かさが維持できるようなかたちに、産業構造を転換していくことが必要なんだ。情報産業や知識産業には、そうした可能性が存在していると思う。

つまり、産業構造を変えていって、高齢者が活躍できる産業構造にすることが、少子高齢化問題の解決でもあるし、同時に、環境問題の解決にもなる。日本人は定年があるのがあたりまえだと思っているけど、アメリカでは定年は差別であって、違法です。イギリスもその方向に動いている。

そのことにみんなが気づいて、ほんとに働きたい人間は自分の好きな年齢まで働けることにすれば、年金がほんとうに必要な高齢者に十分な年金を提供する余裕ができ、国民全体が感じている将来の不安も大幅に減少すると思う。

これは、ほんとうに真面目に考えるべきことなんだ。少子化対策が「産めよ増やせよ」なんだと思い込むことが最大の間違いだってことを。

第七章　グローバル化の意味

マルクスの逆襲

山岸　ソ連が崩壊してベルリンの壁がなくなったとき、ぼくはドイツにしばらく暮らしていて、「これで、マルクスの予言が現実になる時代が来た」と思ったんだ。当時、世の中では、これでマルクス主義の時代は終わりになったと思われていたから、とても逆説的なんだけれど。

なぜそんなことを思ったかというと、ベルリンの壁の崩壊は、それまで社会主義圏だった国々まで巻き込むかたちで世界中が大競争時代に突入することを象徴していると思ったから。要するに、本格的なグローバル化の到来ということ。

グローバル化は、基本的に、労働と資本のバランスを完全に崩してしまった。資本は国境を越えていくらでも移動できるのに、労働者はそんなに動き回ることはできない。もちろん世界をまたにかけて仕事をする人もいるけど、そういうことができるのは限られた人だけ。

ベルリンの壁崩壊に始まる現代のグローバル化の波が強まるまでは、ある程度は、一つの国の中で労働と資本がそれぞれ孤立していた（もちろん、程度の問題だけど）。でも今では、資本は国境を越えていくらでも移動できるけれど、労働はそれほど簡単には移動できない。どう考えても資本のほうが有利だよね。ある国で労働が高くつくようになると、別の国に移って、安い労働力を使うことができる。一国の中で労働者がいくら団結しても、資本に移動されれば、一つの国の中での労働者の団結は意味がなくなってしまう。だから、特殊な能力を持っている人たちを除けば、労働者は、賃金や労働価格で競争せざるを得ない。あるいは労働の強化で競争せざるを得ない。

ソ連に代表される社会主義圏が厳然と存在していた間は、労働運動の高まりに対する恐怖が、資本主義国の政治家や経営者、あるいは高級官僚の間にもあったし、また国境を越えた資本の移動もある程度は制限されていたので、労働力の安売り競争に歯止めがかかっていた。しかし、そうした制約がなくなってしまった今では、私たちは労働力安売り競争の波に直接にさらされることになってしまった。大競争時代は、スーパーや百貨店だけではなく、一人ひとりの労働者を取りこんで進行しているんだ。

そうした大競争時代に、私たちはどう対処すればいいのか？　マルクス主義の労働運動は、「労働者の国際的連帯」によってこの大競争をなくそうとした。労働者が一致団結して労働力の安売り競争をやめてしまえば、談合で公共事業の落札価格を吊り上げることができるように、労働力の落札価格を吊り上げることができる。

それは、経済が相対的に一つの国の中で完結していた時代には可能だったかもしれないけど、今ではできなくなってしまった。なぜそれができないかというと、途上国までが世界経済の中に完全に取りこまれているのに、先進国と途上国の労働者の間に、あまりにも大きな格差が存在しているから。先進国の労働者がいくら団結しても、資本は途上国に移ることができる。逆に言えば、途上国の労働条件が先進国並みに向上したとき、あるいは先進国の労働条件が途上国並みに落ちたときに、初めて、世界中の労働者の連帯ができるようになるだろう。でも、そこまで世界中のみんなが一斉に同じ条件になる、ということは難しい。だから、日本の中だけで競争のない社会を作ろうとしたって、それは土台無理な話。

こうした競争では、ルイス・キャロルの『鏡の国のアリス』に登場する「赤の女王」のように、同じ場所にとどまり続けるために走り続けないといけない。あるいは、走り続けていないと倒れてしまう自転車のようなもの。しかも、誰もがほかの人たちよりも少しだけ先に行こうとすると、同じところにとどまり続けるためには、前よりももっと速く走らないといけなくなってしまう。

これはグローバル化が進行した大競争時代を生きる私たち全員に当てはまることだ。そろそろ休みたいと思っても、いつまでも走り続けないといけない。そんな状態は誰も望んでいないのに、誰もそこから抜け出すことができない。

幸せと悦び

メアリー　競争は人間を不幸にする？

山岸　ぼく自身は競争について、とてもアンビバレントな感情をもってます。今話した、グローバル化が生み出す大競争は、人間を不幸にするものだと思う。だけど、もう一方では、競争を抑え込む集団主義的な秩序も、人々の自由と自己実現の妨げになることが多い。ぼく自身は、人々が互いに行動を束縛している集団主義的な秩序は嫌いで、自分の判断で行動し、その責任を自分で取るという生き方が好きだけど、みんながそうした生き方をすれば、そこに競争が生まれることになる。

このことを少し違った言い方をすると、穏やかな喜びである「幸せ」と、強烈な喜びである「悦び」とは違う種類の感情で、人間は現在の悦びにつきうごかされて、幸せとは逆の方向の行動をとってしまいがちだということ。

メアリー　英語で言うと、happiness と joy の違いですね。

山岸　ぼくの語感で言うと、happiness よりも「幸せ」のほうが、もう少し穏やかな感情なんだと思うけど、大体の区別は似ていると思う。「悦び」は特定の行動の結果に伴う感情で、「幸せ」は状態についての感情だと言える。もっともこの区別はそれほど明確ではないし、両方ともポジティブな経験に伴う感情だけど。

「幸せ」を感じるのは、家族や親しい友人たちと温かい関係で結びついていると感じるときだよね。進化的に考えると、小さい集団の中でお互いに助け合って暮らして、ちゃんと子どもを育てているときに、つまり自分の遺伝子にとって好ましい状態が生まれているときに幸せを感じるようになっているんだと思う。こうした状態を達成できていると、「これでいいんだ」という気持ちにさせる必要があるから、「幸せ」を感じることになる。

こうした意味で幸せを感じるためには、競争に勝つ必要はない。家族や親しい仲間の間で助け合う関係を作れればいい。

メアリー　そうですね。エマと一緒にいるとハッピーです。

山岸　だけど、もしメアリーが金持ちと伝統的な結婚をして、研究も全部やめて主婦業に専念できて、いつもエマちゃんと一緒にいられるとしたら、それはそれでハッピーな生活だとは思うけど、それで満足できるだろうか？　たぶんできないよね？　幸せなんだけど、達成感を得ることができない。研究者であれば手にすることができる、ある分野で新しい考え方を打ち出して、それを本や論文で示したときの悦びが欠けている。

メアリー　山岸さんの言いたいことが分かる気がします。例えば、中世のヨーロッパでは、一五歳ぐらいで子どもを産んで、三〇歳でおばあさんになって歯が抜けて、もしかしたら四〇歳で死んでしまうかもしれない。日本の中世の暮らしも、たぶんそうだったと思います。そういう暮らしのなかでも、たぶん、例えば孫の顔を見ることができれば、それはそれで幸せだったと思います。そういう暮らしのほうが今の暮らしよりも、もしかしたら幸せなのかもしれない。

山岸　幸せについての研究は、最近、心理学でも盛んになっています。世界各国での生活満足度を比較した大規模な研究もあるけれど、ぼくが覚えている限りでは、生活の豊かさと満足度との間には、あまり強い関係はありません。

例えば、二〇〇五年から〇八年にかけて世界各国で実施された「世界価値観調査」で、「全体的にいって、現在あなたは幸せだと思いますか、それとも、そうは思いませんか?」という質問をしたところ、「非常に幸せ」、あるいは「やや幸せ」と答えた人のパーセンテージは、フランスで九〇パーセント、イギリスで九四パーセント、アメリカで九三パーセント、日本で九〇パーセント、ドイツで八三パーセント、スウェーデンで九六パーセントになっているのに対し、インドで七七パーセント、中国で七七パーセント、タイで九三パーセント、インドネシアで九三パーセント、ベトナムで九二パーセント、マレーシアで九三パーセントとなっていて、日本やアメリカなどの先進国と発展途上国との間でそれほど大きな違いが見られません。

また、それぞれの国の中で収入と幸せ度を比べてみると、収入が非常に低い人たちの間では収入が増えると満足度が増えるという関係が見られるけど、ある程度以上の豊かさがあれば、それ以上の豊かさは満足度を増やしてくれません。だから、世の中全般を見れば、中世のヨーロッパでも、中世の日本でも、現代の日本でも、人々の幸せ度には大きな違いはないだろうと思います。だけど、幸せや人生に対する満足感に着目するのではなく、日常生活で感じる悦び、つまり達成感に着目すれば、近代になってからのほうが、そうした感覚は大きくなっているんじゃないだろうか。

メアリー　ほかの人にできないことをやり遂げたといった達成感とか、みんなから注目されるとか、世間的な成功とか、そういったものが幸せにつながっているわけではないというのは、いろいろな宗教が教えていることですね。仏教などは、そういった世俗的な成功を求める心が人々を苦しめる源なのだとしている。山岸さんの言葉を使えば、競争を求める心が人々を不幸せにしているのだ、と。

そういう考え方は、どんな時代にもありますね。出世とか成功とかを考えるのをやめて、ほんとに心を通わせる人たちとコミュニティーを作ってやっていきなさい、と。でも、すべての人たちが欲を捨てて、自分の利益を追求もせず、お互いの気持ちだけを思いやりながら生活していく、などということは不可能なのではないかと私は思います。

じゃあ、どうしたら幸せになれるのか、何を幸せな社会というのか、考えれば考えるほど難しいですね。

ただ、前にも言いましたが、アメリカ人は基本的にどんなときにもポジティブに物事を考える習性があるんですよ。日本ではよく「アメリカはやり直しのきく社会だ」という言い方をするようですが、アメリカにはセカンドチャンス、サードチャンスがあるから、日本人と比べるとポジティブでいられるのかもしれない。

しかし一方で、社会のセーフティネットを考えた場合には、日本のほうがよほどしっかりしていると思えることもありますよ。例えば、健康保険のこと。オバマ政権は国民皆保険を目指していて、ようやく実現のメドが立ちましたが、反対意見も多くて議会の決議もほんとうに僅差でした。こうした問題は個人や企業の負担によるもの、という常識がアメリカ社会の中にはまだまだ根強くあるのです。このように日本とアメリカをちょっと比較しただけでも違いが出てくる。社会の目的をどこにおけばいいのか、世の中が複雑になればなるほど難しくなってきているんですね。

マーケットは人間を堕落させる？

山岸　昔のような共同体の中で温かな関係をまわりの人たちと作り合っているほうが、現代の豊かな社会で自己実現とか、自分の目標を目指して生きるよりも幸せだと思っている人はたくさんいるし、そうした人たちは、それが実現可能だと信じている。そうした人たちは、競争を避け、温かい人間関係に生きるということは、心がけ一つでできることだと考えていますね。これは、宗教も同じです。すべてが心がけの問題だ、と。

人々が競争に明け暮れ、そのために傷ついて不幸になっているのは、一つには哺乳類としての人類の性《さが》だし、もう一つには、とくに現代社会では、グローバル化によって資本と労働の力のバランスが崩れてしまったせいだ。グローバル化については、すでに話しました。競争が人間の性だということについては、この本では話す余裕がないけど、いずれにせよ、心がけで何とかなる問題ではない。

だけど、今の日本の社会が人々を不幸にしているのは、マーケット主義的な競争原理が人々の倫理を破壊しているからだという考え方は、多くの人々にとって説得力をもっている。心の堕落が社会問題を引き起こすという考え方。だけどそうした考え方はとても危険で、そうした考え方を多くの人たちが受け入れてしまえば、日本の社会はますます混迷へと向かい、再び立ち直ることができなくなってしまうかもしれない。ぼくは本気でそう思っています。

メアリー　そんなことを言うと、みんなに嫌われてしまいますよ。道徳や倫理を立て直せという人たちに水を差すようなことを言うと、「あいつは非倫理的な、堕落した人間だ」と決めつけられますよ。

山岸　だから、ますます危険なんだよ。誰も反論できなくなってしまうから。それが、山本七平さんが言うように、いくらおかしいと思っていても誰も異論をとなえることができない状態を生み出してしまう。

ぼく自身、倫理的な人間でありたいと思っているし、倫理性はとてもたいせつだと思っています。だけど、倫理性を心がけの問題だと考えたとたん、世の中の問題、社会の問題は、すべて教育で解決できることになる。もっと極端な言い方をすれば、お説教で社会問題を解決しよう、ということになる。

こうした考え方がどんなに危険か、どんな悲惨な結果を生み出してしまうかは、「大和魂で戦車に対抗できる」といった精神論が生み出した悲惨な結末を見ればよく分かるでしょ。

メアリー　それは、宗教戦争を考えても言えることですね。

山岸　ぼくは、倫理性を、たんなる心がけの問題ではなくて、同時に制度の問題だと考えています。倫理的に行動する人が少なくとも馬鹿を見るようなことがない、あるいは利益を得られるようにするための社会のしくみがなければ、いくら説教をしても、結局は誰も聞く耳をもたない。そういう意味で、制度と倫理はどちらが欠けても成り立たない関係なんだ。ところが、現代の日本では、倫理のほうにだけ目を向け、倫理の再生だけに問題解決の答えを求めようとしている。社会制度の基盤なくして、倫理は維持されることがないという理解ができていない。

これは、前に株仲間の話をしたときに「集団主義的秩序」と言ったことと関連してくる話なんだ。司法制度が確立されていない状況で秩序を作るためには、集団主義的秩序しか方法がない。そして、集団主義的秩序は、人々が「内集団ひいき」の原理を採用し、そうした原理に従って行動することで生み出され、維持される。「内集団ひいき」の原理というのは、自分たちの仲間をそれ以外の人たちより優遇するという原理。もしそれに背くようなことがあれば、村八分にされて集団から排除されてしまう。そうした秩序が成立している状態では、身内びいきが倫理的な行動だという、集団主義的な倫理が生み出される。

一方、法律という普遍的制度（原理）がある場合には、それにのっとった行動原理に従って行動することが求められ、内集団ひいきが法律に反する場合には、法律が優先する。これを「集団主義的倫理（秩序）」に対して、「普遍主義的倫理（秩序）」と言ってもいいだろう。

この二つの秩序ないし倫理の違いは、カナダのジャーナリスト・作家である、ジェイン・ジェイコブズさんが、「市場の倫理」と「統治の倫理」の違いについて言っていることとほぼ同じなんだ（『市場の倫理　統治の倫理』香西泰訳　日経ビジネス人文庫、二〇〇三年）。

ジェイコブズさんの言う「統治の倫理」の典型は「武士道」。西洋で言う騎士道だね。東洋だと儒教ということになる。統治者は、自分の支配下にある人をプロテクト（保護）する。その代わり、統治される人は統治する人に忠誠を誓う。基本的にはそういうヒエラルキーを典型として、ヒエラルキーの下の統治システムを完成させるための倫理が、統治の倫理なんだ。

マーケットでの競争が人々を堕落させると考えている人たちにとっての倫理とは、ほとんどの場合、この統治の倫理を意味している。新渡戸稲造博士は『武士道』の中で、騎士道を尊ぶ西洋人は武士道の倫理性を高く評価すると言っているけど、この二つがどちらも統治の倫理を体現していることを考えれば、それは当然のことなんだ。

一方、「市場の倫理」は、武士道に対する「商人道」に当たる。商人道は、西洋で言うところの「プロテスタンティズム」であり、日本では「心学」に当たる。石田梅岩が説いた心学とは、庶民の倫理であり、商売とはお互いが利益を与えあう正直な関係なんだという、市場つまりマーケットの倫理。「情けは人のためならず」というのと同じで、人に利益を与えるけれど、自分も利益を得る。つまり、利益を与えあう関係を作っていくことが必要で、そのために何が一番たいせつかというと、それを成り立たせるための「正直さ」と「信頼」だと言っている。そういう倫理体系。

こうした市場の倫理では、無条件の忠誠心とか、暴力とか、そういうものは否定される。それに対して、統治の倫理では、「利益」なんて言葉を口にすることさえ汚らわしいと考えられている。利益は考えちゃいけない。自分の利益を考えないで、正しいことだけをしなさい、とされている。親分は下の者をプロテクトするから、下の者は無条件で親分に対して忠誠心を尽くす。そこには利益を考える余地はない。利益を考えること自体が悪いことだという倫理観だ。

その武士道の観点から言うと、商人はいつも利益を考えているので、倫理的に劣った人間で、けしからんヤツだということになる。利益を求める商人は、非倫理的な人間であると決めつけられるわけだ。これが「統治の倫理」。

それに対して、利益を追求すること自体は悪いことではなく、それが、みんながよくなる基なんだというのが「市場の倫理」。上の者に忠誠を尽くすという一方的な関係ではなく、対等の人々の間でお互いが利益を得る"win-win"な状態を作るために必要なのは、「正直さ」や「勤勉」だとしている。

キリスト教と仏教、あるいは儒教という、全然違う宗教的なバックグラウンドがあっても、商業活動が盛んになってくると、そういうかたちの倫理が出てくる。ただ残念なのは、こうして江戸時代の終わりに生まれかけていた商人道が、明治以降の国家を主体とする近代化のなかで、統治の倫理である武士道が賞賛されるなかで衰退してしまったことだ。

こう考えれば、社会のあり方から独立したかたちで倫理教育、とくに統治型の倫理教育を強化することの行く末が、おのずと推察されるだろう。社会の実態と合わないかたちの倫理を無理やり教え込もうとしても、そうした実情に合わない倫理は人々に受け入れられなくなり、倫理の空白が生まれてしまう。表向きは倫理を受け入れているようなふりをするけど、本音のところでは自分のものにしていない。武士道のかたちだけを受け入れた昭和の軍人たちが、自分の責任で最良の戦略を選択するという倫理を忘れ、国民を破滅へと導いてしまった歴史を忘れてはいけない。それと同じ轍《てつ》を踏むのか、という話。

アメリカ人の意識

メアリー　今の山岸さんのお話、武士道や商人道という考え方や倫理については、すごくよく分かります。リーマン・ショック以降、日本でもそうした考え方に変化が出てきているのかもしれませんが、アメリカの市場や労働に関する考え方についてもお話ししましょう。

ご存知の通り、オバマ政権になってアメリカは変わりつつあります。でも、何度も言うように、アメリカ人は、こんな時代でもオプティミスティック（楽観的）です。仕事がなくなり、ローンを支払えず家も手放し、病気になったとしても、まだ希望があるとどこかで思っている。誰かに騙されて大損害を受けて倒産したとしても、明日はもしかしたらいいことがやってくる、いいことができると信じて生きている。そんな姿勢でいつもいるんですね。ほかのチャンス、セカンドチャンス、サードチャンス、モア・アンド・モアのチャンスがきっとある、と信じています。

アメリカ社会全体としては、やはりオバマが優れた指導者だということも大きくて、二〇〇九年一月にオバマ大統領が誕生してからは、アメリカ全体の雰囲気がだいぶ変わりました。アメリカ人が感じている将来に対する期待にも変化が表れ、より希望を持つようになってきています。アメリカ人って、エネルギーと柔軟さを持ち合わせている、と言ったら分かってもらえるでしょうか。

前にお話ししたように、私はテニュアという終身在職権を持っていますから、生活が安定しています。でも、私のように安心できる雇用形態で仕事をしているアメリカ人はほんの少しですし、大学教授という職業自体も、アメリカ全体の労働者の中では極めて低いパーセンテージだと思います。

日本と違って、ふつうのアメリカ人には、リストラから守ってくれる保護装置はありません。アメリカには「正社員」という用語も表現もないし、正社員だから雇用が保障されるという考えもありません。「正社員」という概念そのものがないんです。フルタイムの雇用者であっても、リストラから守られているわけではありません。

でも、それがあたりまえだと思っています。だからアメリカ人はみんなそういうリスクを常に感じているし、どの年齢でもクビを切られる危険性があります。五〇歳でも五五歳でも、男性でも女性でも、誰もがリスクを感じているのです。だからといって、「クビを切られたら終わりだ」などというふうにあまり考えません。むしろ、先進国では人生に波があってあたりまえだと思っている、そういう話ではないでしょうか。

今は経済の危機ですが、自分ひとりが悪いとか、自分だけができないとか、自分のせいだとか、そんなふうに感じてもいません。経済は国がリカバーし、企業がリカバーし、一人ひとりがリカバーし合って、たとえどんなに悲劇的な話があったとしても、希望は必ずあると考えています。日本と違って政府からの保護がほとんどないような状態ですから、悲惨な話なんてたくさんあるんですよ。

前に、健康保険の話もしましたが、ご存知のとおり、アメリカでは健康保険は企業の負担ですから、仕事を失うと健康保険も失います。つまり、労働市場に頼らないと、医療も思うように受けられない。今、オバマ大統領は、国民皆保険を実現するところまでこぎつけましたが、これまで賛否両論が噴出してきた理由はいろいろです。自分が失業したときだって個人の力で乗り切ったんだから、自分の税金をそんなふうに使われたくない、とか。そもそも今までのやり方のどこが悪いのか、という意見まであります。でも、医療費に関していえば、アメリカ人自身が心配や不安を抱えているのも事実ですから、私は日本の国民健康保険のような制度は必要だと思っています。

ただ、ほとんどのアメリカ人は、たとえ失業したとしても、仕事は探せばいつか見つけられる、という希望を持っているようです。もちろん、そういう状態はすごくストレスがかかるので、うつ病も多いですよ。でも、もしうつ病になったとしても自分のせいではない、今の状況が悪いんだ、と考えますから、セラピストやカウンセラー、場合によっては医者にかかるという手段をとりますし、そうやって何かのヘルプを探すことに恥ずかしさはありません。むしろ当然だと考えています。

もちろんそれもお金のかかることなので、健康保険がないとそういうヘルプを探すこともできにくい。だから、ある意味、どうしてもアメリカ人は市場に頼らざるをえないんですね。

アメリカ人のほぼ半数は、一九六〇年代、七〇年代、八〇年代、あるいは九〇年代に比べて、ここ一〇年間は景気が悪くなっていると感じていますが、それでも半数以上（六〇パーセント）のアメリカ人は、次の一〇年間はもっとよくなるだろうと思っています。楽観的なアメリカ人のほうが悲観的なアメリカ人よりも多いんです。

山岸　メアリーは、アメリカではセーフティネットがないと言うけど、逆の言い方をすると、マーケットがセーフティネットの役割を果たしているという言い方もできると思う。日本はセーフティネットというと、政府が出す補助金とかそういうものだけど、セーフティネットはそれだけじゃない。日本の場合、一度リストラにあってしまうと、労働市場で新しい仕事を見つけるのは困難だと思っているし、実際に困難だから、マーケットではなく政府による規制に保護を求めることになる。逆に、アメリカには公的な支援はないけど、マーケットに行けばまあなんとかできるのではないか、と考えているということだね。

メアリー　労働市場に関しても、アメリカと日本ではいくつかの違いがあります。日本人にとってはあたりまえなのかもしれませんが、アメリカでは、新規学卒者のための採用枠などというものはありません。例えば大卒で二二歳の人が、四〇歳の人と競争することもあります。つまり、新規学卒者と中途採用者が同じ土俵で競争しなければならないし、それがあたりまえだということです。

ある経済学者が面白い調査をしました。アメリカの大都市の労働市場を対象に、雇い主に対して、次の条件のうち誰を雇いますかという質問をした調査です。仕事の内容は、サービス業で高校を卒業したくらいの人に見合う仕事という条件で。

こういう労働市場の場合、だいたい応募してくるのは、二〇代前半の人が二〇～三〇パーセント、二五～三五歳までの人が四〇パーセントくらい。三五歳以上の人も三〇～四〇パーセント交じっているといいます。仕事の内容が高卒程度ということですから、一八～二二歳の人が有利かもしれない。ただ、学校を卒業したばかりなので、ほとんど仕事の経験はありませんよね。一方、三五歳以上で応募してくる人の中には、二〇年働いた経験があるという人もいる。その中から雇い主は、どの人が生産性が高いかを判断して採用を決めるわけです。

　もちろん、応募者の側も、自分がどんな能力があるか、どれほど仕事ができる人間かということを売り込まなければなりません。若い人は速く仕事ができることがセールスポイントかもしれませんが、中途採用の人は経験が豊富ですから、顧客に対しての心遣いが身についているということもあるかもしれないし、仕事の経験があれば新しい職場環境に慣れるのも早く、即戦力となる可能性が高いかもしれない。つまり、年齢や経験の違いがあっても、それぞれに長所もあれば短所もある。だから、競争する条件としてはある意味、有利不利はなく、横一線に並んでいるともいえるのです。

　以上は典型的な事例ですが、ハーバード大学の卒業生で金融関係の企業を希望する、といった場合には事情が違っています。つまり、エリート大学と言われる大学に限っては、アメリカでも別扱いで、秋になるとハーバードでも企業がジョブフェアを開いて、「話を聞きにきませんか。わが社に来てください！」と勧誘します。だけど、こういう労働市場のほうが特別で、ふつうは年齢などには関係なく、みんなが一緒に競争しなければなりません。

　ですから、日本のように、学校経由で仕事が紹介されて、会社にスムーズに入るシステムはアメリカにはありません。そういう安心の保障は昔からなかったんです。けれども、産業構造の変化や不況の影響で、日本の学校、とくに高校では従来のシステムが崩れてしまって、高校生たちが新卒で正社員として仕事に就くことが難しくなっていますね。日本でそのような変化が起きたのは最近のことですから、そうした状況に慣れていないのも仕方ないことなのだと思いますが。

また、日本の労働市場は新規学卒者が対象ですから、四月に入社式が行われます。でもアメリカには、決まった時期の入社式などはなく、採用が決まれば、時期に関係なくいつでも仕事に入るんです。ですから中途採用という言葉はありますが、私たちはほとんど使いませんし、新規学卒者にあたる言葉は存在しません。

私の調査にご協力いただいた日本の高校の先生に、こうしたアメリカの状況を説明したときに、「は!? それでは労働市場はめちゃくちゃなんじゃないですか」と言われました。私は、「めちゃくちゃですけれども慣れてますから」と答えました。こういう状況に慣れているんです。

山岸　だからこそ、職探しの頼りになる「社会関係資本」(人的ネットワーク)の観点からいうと、ウィークタイズ(緩やかなつながりの人間関係)が重要になってくる。メアリーも同じことを言っているけれど、日本人のネットワークづくりは、家族や親戚、親しい友人、学校の先輩など、いわば身内とのつながりをたいせつにするストロングタイズ(強いつながりの人間関係）をたいせつにしてきた。つまり内に向かっての「安心」を第一に考えてきたんだ。でも、そこから得られる情報の内容は限られていたり、すでに自分も知っていたりすることが多い。

一方、ウィークタイズつまり弱い結びつきでつながっている人からは、身近にない新しい情報が得られる可能性が高く、いい就職先についての情報が見つかる可能性が高い。でも、日本人は身内だからという「安心感」をたいせつにして、それ以外の他者に対する「信頼」を育んでこなかったから、弱い結びつきでできている人間関係を作るのに慣れていない。

でも今の状況を考えれば、（弱い結びつきを作るのに）慣れていないいじゃ済まされないよね。社会に対して、外に向かうつながりを優先させることができれば、そのつながりが新しい機会や可能性を生み出していくんだから。

ここで日本人が気をつけなければいけないのは、ウィークタイズの関係で、人を知り合いに紹介したときに、自分が責任を感じたりする必要はないということ。日本人の場合、とかく知り合いを紹介したら、当事者と紹介先の双方に対して「（就職などの場合）採用されなかったらどうしよう」とか、「よい人材ではない（紹介するに値しない）などと思われたらどうしよう」と、後々のことまで心配して責任を感じる人が多い。紹介するということは、情報を提供するというだけではなく、保証するということと同じだと思っている。でも、そんな心配はストロングタイズでは必要だけど、ウィークタイズでは無用だ。採用されようとされまいと、それぞれのその後の人間関係には何ら影響がないと考えないと、ウィークタイズの結びつきは成り立たない。人を紹介するときに自分が保証を与えるという考え方は、統治の倫理にかなったことで、紹介しっ放しというのは「いい加減な人」、非倫理的な人間のすることだと考えられている。そのあたりの倫理観のずれが、ウィークタイズの形成を阻んでいるのかもしれない。

メアリー　山岸さんの言うとおりです！　日本人はいい意味でも悪い意味でも真面目ですから、人をお世話してあげると思うと、過度に責任を感じてしまうのでしょうね。だから、ウィークタイズを作るのが上手じゃない。

例えば、私が高校や大学を卒業したとして、知り合いに「誰か人を探している雇用主を知りませんか」と聞くと、「うーん……そうだ、ぼくの職場だけど、もしかするとまもなくポストが空くよ」という情報を私にくれる。じゃあ応募してみようかということになり、知人の情報を頼りに、私が書類を出して面接に行ったとしましょう。そこでもし自分が選ばれなかったとしたら、がっかりはするけれど仕方がないことだと思うし、だからといって知人をうらむこともない。知人も何の責任も感じたりしないはずです。

それがアメリカ社会。つまり、緩やかな結びつき同士で情報を交換しているんですね。強くても限られた結びつきの中だけでは情報が限られてしまいますが、知り合い程度でも情報を公開していくうちに、そうしたネットワークがどんどん広がっていって、それが新たなチャンスにつながっていく。

日本とアメリカで同じやり方をすると？

メアリー　こうした点で、いくつか私自身の経験をお話ししましょう。日本とアメリカを行ったり来たりしていると、日本風のやり方をアメリカでしたり、アメリカ風のやり方を日本でとったりして、笑い話のようなこともありますし、笑い話ですまないこともある、という経験です。

最初の経験は、一九八〇年代に私が日本で博士論文のための研究をしていたときのことです。東京にある私立大学の有名な教授から、彼の友人が働いている会社のために、日本語を英語に翻訳してもらえないかとたずねられました。アメリカに戻る直前のことだったのですが、少しは時間があったので、その頼みをお引き受けすることにしました。そんなに時間をとる仕事ではなかったからです。

その翻訳を引き受けるにあたって、仕事の内容と締め切りについては教授の友人からお伺いしたのですが、そのときに、いくらいただけるかは教えてもらえませんでした。翻訳の報酬がいくらになるのかは、仕事が終わって翻訳をお渡ししたときまで分からなかったんですね。

それから少しして、シカゴ大学で教え始めたときに、同じような経験がありました。シカゴ大学の年配の教授から、シカゴに支店のある大手市場調査会社が、日本人消費者の好みについてアドバイスをしてくれる人を探しているので、市場調査会社の人と会ってアドバイスをする気があるかとたずねられました。

そこで、少しは余分なお金が入ってくるし、こうした会社とコネクションをつけておくのも悪くないだろうと思って、お引き受けすることにしたんですね。それで、教授からもらった番号に電話をして、シカゴの中心部にある市場調査会社のオフィスで担当者とお会いすることにしました。

当日は、調査会社のオフィスで数人の関係者と二時間半ほど話をして、その後でふつうのランチに連れて行かれ、食事が終わるとお礼を言いあい、それで別れたんです。それだけ。私の使った時間に対して、何の謝礼も支払ってもらえませんでした。それ以後、何の連絡もありませんでした。

この話をアメリカ人の友人にしたところ、「なんておバカさんなの……」と笑われてしまいました。「話を引き受ける前に、謝礼についてちゃんと交渉しておかないなんて！」というわけです。

全くその通りですね。日本での行動を、そのままアメリカでとってしまったのが間違いだったんです。日本式のやり方に慣れてしまっていたので、この話を紹介してくれたシカゴ大学の教授が、謝礼の支払いとかについてすべて取り計らってくれていると思い込んでしまっていたんです。

日本で教授に頼まれたときには、とても日本的に考えて行動していました。私にいくらくらい支払えばよいかを、ちゃんと彼の友人に伝えてくれていると思っていました。もし私が翻訳のお礼をもらえないようなことがあれば、私と教授との関係にひびが入ることになってしまうので、そんなことはしないだろうと思ったんです。そんなことがあれば、教授の評判にもかかわってくるわけですし。

同じことをシカゴ大学の教授についても考えてしまったのが、私の失敗でした。彼は私を紹介しただけ。後は当人同士自由にやってください、というわけです。当然、私が自分で交渉しなければ、お金をもらうことはできません。

山岸　そういう話は、日本でもよくあるよ。翻訳ははっきりした仕事だからちゃんと謝礼を支払ってもらえたんだと思うけど、話をするのは仕事ではないからタダだと思われてる。ぼくもよく「お話をお伺いしたい」と言われて、企業の方とかマスコミの方と一時間とか二時間かけて話をすることがあるけど、お礼は菓子折り程度だけということが多い。最初のうちは、そうした話をすることも社会貢献の一つだからと思っていたけど、あまり同じことが続くので、このごろは最初にちゃんと、いくらいただきますと言うようにしている。そうしておかないと、話をするのはタダだと思われてしまうから。

メアリー　なるほど、日本でもそうなんですね。

だけど私が言いたいのは、アドバイスがタダかどうかということじゃなくて、紹介するということのもっている意味の違いについてです。アメリカでは、紹介するということは、情報を与えるという意味しかないんです。それ以上の保証をしたり、責任をとったりすることはありません。紹介された当人たちの間で何があっても、それが紹介してくれた人との関係に大きな影響を与えることはありません。だからアメリカでは、ウィークタイズが簡単に使えるんです。

たとえば、私があなたを誰か仕事をオファーしてくれそうな人に紹介したとします。その人が実際にあなたに仕事をオファーしてくれなかったり、仕事をオファーしてくれても結局はうまくいかなくなったりしても、それは私の問題ではありません。それは、あなたの問題です。あなたは独立した個人なのですから。

紹介してもらっても、後は本人次第。友達の友達といったウィークタイズは役に立つけど、そうした相手と何があったかで、その人を紹介してくれた人を悪く思ったりすることはない。だから、気軽に助けを求めることもできるし、できることがあれば、後で何が起こるかを考えないで気軽に助けることができる。それが、ウィークタイズが一般的な社会で暮らすことの良い面だと思います。

山岸　実は最近、中国から留学している李楊さんという大学院生と一緒に、グアンシと呼ばれる中国人の人間関係と、日本人の人間関係の違いについての研究をしているんだけど、メアリーの今の話は、中国人の人間関係ともつながっているように思う。中国人は気軽に知り合いを紹介するし、紹介されたからといって、紹介してくれた人に気兼ねをすることもない。人間関係は、うまく使うものだと考えている面がある。それに対して日本人は、人間関係を重荷として感じている面があるんですね。ただこの研究はまだ始まったばかりで、ちゃんとした結論は出ていないけど。

ひどい教授の話

メアリー　もう一つの経験をお話しします。さっきの話は笑い話として話すことができますが、次の話は笑い話として片づけることはできないですね。ちょっと嫌な話です。

これは、私がシカゴ大学で教えていたときの話です。ある年、私は研究資金が取れたので、東京で調査をすることになりました。シカゴではコンドミニアム（日本で言うマンション）に住んでいたので、多くのアメリカ人がするように、私が留守の間、自分のコンドミニアムを誰かに貸すことにしました。そして、たまたま、東京のある大学の教授とその家族が、私が留守にしているのとほぼ重なる期間滞在するために、シカゴ大学の近くでアパートを探していることが分かったので、その教授に私のコンドミニアムをお貸しすることにしたんです。

そうしたんですが、この教授との間では、最初から困ったことが起こりました。ちょうど東京に出発する直前で、準備にかかりきりだったときです。その教授と奥さんがコンドミニアムにやってきて、家電製品の使い方を日本語で丁寧に説明するように求めたんです。コンドミニアムにあるすべての家電製品について、日本語でです。

家電製品の使い方なんて説明書を読めば簡単に分かることだし、それに私は日本に出発する直前でとても忙しかったんですが、その教授はそんな私の都合など全く無視して、ちゃんと説明するように執拗に要求したんですよ。だから、結局そのために時間をとられることになってしまいました。私が教授の面倒をみるべきだと考えていたみたいです。

日本についてアパートに落ち着くと、この教授の同僚から電話がかかってきました。自分の大学の案内をしたいと言うんです。この大学には私の研究に関係する教授は一人もいないので、わざわざ案内してもらう必要はなかったんですが、それでもせっかく親切で言ってくれているんだからと思って、その大学に出かけることにしました。

山岸　そういうところが、メアリーは日本人的だよね。

メアリー　ほんとに、そう。今は少し違いますけど。

ともかく、その大学に出かけて、長い時間をかけてキャンパスを案内してもらい、それが終わると、三、四人の教授が加わって近くの高級レストランでランチを御馳走になりました。そうする予定になっていて、すでに予約もすませてあったんです。だから断ることができず、御馳走になることにしました。

ただし、それだけではすみませんでした。私の研究についてその大学で講演をしてほしいと頼まれたんです。日本語で。質疑応答も日本語で、という条件です。

私はびっくりしましたが、私の研究を新しい聴衆に聞いてもらうのも悪いことではないと思って、結局お引き受けすることにしました。

ともかく日本語で講演をするんですから、話す準備をしたりプレゼン用のファイルを作ったりするのに、とても時間がかかりました。

講演会は盛況で、たくさんの方が講演を聞きにきてくださいました。そして、講演会の後で教授たちがディナーに招待してくださって、そこでかなりの額の謝礼が入った封筒を渡されました。そんなに多額のお金を渡されたことにびっくりしてしまいましたが、丁寧にお礼を言って、私はその謝礼を受け取りました。

さて、そうして六ヵ月後にシカゴに戻ってきました。私のコンドミニアムを借りていた教授と家族は、私が戻る少し前に別の場所に移っていました。

その教授から電話があったのは、自分のコンドミニアムに戻って二四時間も経っていないときです。まだ時差ボケが直っていなくて、スーツケースも、調査資料が入った段ボール箱も開けていないうちに、です。だから、床や壁や家具などがちゃんと元通りなのか、確かめてもいません。それなのに、その教授はコンドミニアムにやってきて、何も壊したりしていないからと言って、すぐに敷金を返すように求めてきたんです。私は彼の要求通りに、敷金を全額お返しししました。

だけど次の日になって頭がはっきりしてくると、小さな敷物がいつもの場所からリビングルームに移動していることに気づいて、もとの場所に移そうとしたんです。そしたら、その敷物を動かしてみると、その下の床に大きな傷が付いていたんですよ。それで、ほかにも何か問題がないか調べてみたところ、別の部屋のテーブルに文字が刻まれていました。なんてことでしょう。敷金はすでに返してしまっています。

困ったことになってしまいました。その教授と家族は、シカゴの滞在を楽しめなかったと愚痴っていました。それはお気の毒ですが、私がまだぼんやりしているうちに、部屋中を確かめる時間もとれないうちに、何も壊さなかったと嘘をついて私をだましたことは、とても腹立たしいことでした。だから、彼に電話をして、私が見つけた傷について話をしたいと言ったんです。

その教授は、私のコンドミニアムまで来るのは嫌だからと言って、彼が移ったアパートまで私を呼びつけました。彼は車を持っていなかったので、まあしょうがないかと思って、彼のアパートまで出かけたんです。彼のアパートにつくと、奥さんが親切に紅茶とクッキーでもてなしてくださったので、お金を返してほしいと言い出しにくかったんですけど、床の傷はひどくて、部屋中の床を張り替えないといけない状態なので、ともかくお金を返してもらう必要があります。

そうしたことを説明すると、教授は怒り出したんです。それで、何と言ったと思いますか？　私が彼の大学の教授たちから招待されて、ランチやディナーを御馳走になったことについて話し出したんですよ。「講演の謝礼としていくら支払ってもらったと思うんだ」、「それなのに、そんな床の傷ぐらいでお金を払えなんて、よく言えたものだ！」とさえ言ったんです。

私はわけが分からなくなってしまいました。アメリカ人の目から見れば、自分が付けた床の傷を直すための費用を負担することと、同僚が私を招待して、講演の謝礼をはずんだということは、まったく関係のないことです。傷は傷、責任は責任です。だからこう言ったんです。「私はランチやディナーに招待してほしいと頼んだ覚えはないし、講演をさせてほしいと頼んだ覚えもありません」ってね。そうしたらその教授は、こう言ったんです。

「そこが重要なんだ！　頼まれなくてもそう取り計らった、ということがね」

その教授は、結局、自分たちが付けた床とテーブルの傷を修理するためのお金を支払いませんでした。そして、お互いに嫌な思いをしながら別れました。異文化間の誤解でいっぱいの話だと思いませんか？　山岸さんはどう思いますか？

山岸　そんな人間は、くずだと思う。許せないね。そういう人間に限って、アメリカ人は利己的で自分の利益だけ主張する、日本人は思いやりがあって、いつも他人の気持ちを考えているとか言うんだよ。自分はメアリーのためを思って東京で講演できるようにしてやったのに、メアリーはそのことを感謝するどころか、自分の利益だけを考えてお金を返せと言ってくる。やっぱりアメリカ人は利己的で、日本人の思いやりが通じない、なんてね。

これは文化の違いによる誤解の物語じゃなくて、その教授の品性の下劣さの問題だと思う。自分が付けた傷を敷物で隠すなんていう姑息なことをすることと、文化の違いとはまったく関係がない。そういうことを文化の問題にしないでほしい。人間のくずは、日本でもアメリカでもくずなんだから。くずは、くず。この話を聞いたら、日本人の九九パーセントの人が、ぼくと同じように、この教授は人間のくずだと言うと思う。そんな教授の教育を受けている学生がかわいそうだ。そういうヤツに限って、思いやりが大切だというようなことを学生に押しつけたりするからね。

どこにセーフティネットをはるか？

メアリー　まあまあ、そんなに怒らないでください（笑）。この話は日本の方にあまりしたくなかったんです。この教授の悪口を言っているように思われるのが嫌だから。

ちょっと話題を変えて、子どものときからの人間関係の作り方についてお話ししようと思います。

アメリカでは、子どもがティーンエージャーになると、まず近所のお宅のお手伝いをするところからアルバイトの経験を積んで、仕事や人間関係を作っていくことに慣れていきます。

私の娘はいま一三歳ですが、近所のお母さんのお手伝いで、五歳ぐらいの子どもの子守を頼まれたとします。そのお母さんを私も知っていますから、安心して娘を手伝いに出せますし、万が一ですが、そのお母さんがきちんと娘に報酬を支払ってくれなかったり、問題があったりしたら、私がそのお母さんに文句を言うことができるでしょう。

まだ中学生ですから、娘を危険な状態にさらすようなことはしませんし、安全な場所を選んで仕事をしていくことを教えます。そうやって仕事や自立していくことを身につけさせていくのです。ボランティア活動などにも機会があれば積極的に参加させるつもりです。

そういう意味で私が情けないと思ったのは、日本の高校を回ってインタビューしたときに、日本では建て前上、高校生がアルバイトをすることが禁止になっているということ。

日本ではそういう経験に価値がないの？　と思いました。

高校で就職指導にあたる先生は、就職試験の面接のときに、「アルバイトをしていたとか、余計なことは何にも言わないほうがいい」という指導をしていました。それでは、せっかくのアルバイトの経験が無駄になってしまいます。もちろん、それが学校の方針だということは理解できますけれど、もしかしたらその生徒は、アルバイトをすることによって自分では気がつかなかった自分の能力や関心に気づく機会があったかもしれない。多かれ少なかれ、それが良いことでもあまり良くないことでも、何か経験をしているんですよ。そこからその年齢で学んだり考えたりすることがきっとあるはずで、それを生かそうとしないのはおかしい。

仕事や自立について考えさせたり身につけさせたりしたいと言っていることと、矛盾しているのではないかと思うんです。産業構造が変わった、世の中が変わったと言っても、やはり日本社会では、転職に対するマイナスイメージが強いし、次々と仕事を変えていくことに対しても、プラスに評価されることが少ない。だからセカンドチャンスがない、ということにもなるんだと思います。

アメリカでは、経験がないと出世できません。だから、学校を卒業したての若者は不利な立場にありますし、実際、若者の失業率が高い。けれども、それは単に経験が少ないからなんです。だから経験を積んで自分の能力やスキルを高めていかなければいけません。そうすることによって、セカンドチャンス、サードチャンスを見つけるんです。日本もそのあたりの考え方を変えていかないと、若者たちがますます自分で納得のいく仕事が見つけにくくなってしまうのではないかと思いますね。

山岸　メアリーは、一人ひとりの日本人の考え方を変えないといけない、そしてそのためには、小さな時からいろんな経験をさせるようにしないといけないという面を強調しているように聞こえるけど、それと同時に、制度を変えることも大事だと思う。

今、日本が政策としてやらなければならないことは、労働市場を変えること。これまでの日本は、効率的な労働市場を作らない方向、作らない方向に動いてきた。つまり、クビを切らない、切らせないということです。クビを切るなということは、再雇用をはかるような労働市場を整備する、というのとは反対の方向でしょう。

一番いいのは、正社員と、非正規社員という区別をしないということ。極端な話、全員非正規にしてしまってもいい。正社員というかたちが必要なのだという考え方が、そもそもおかしい。

メアリーが言っていたように、アメリカの労働スタイルに関していえば、全員が非正規社員だというのと同じで、それはヨーロッパともずいぶん違います。でも、全員が非正規だったら差別があるわけじゃないし、重要なのは、もし仕事がなくなったときに、経験を積み能力を身につけておけば次のチャンスがあるということになる。それは発想として、今までの日本の労働市場の考え方とは全然違うんです。

そういうことを言うと、お前はけしからん、マーケット万能主義の手先であるというような非難を受けるけれど、そういう枠組みでしかものを考えないのが問題だ。セーフティネットを作るかどうかの議論をしているんじゃない。セーフティネットが必要なのはあたりまえです。問題は、どこにセーフティネットを張るのか、なんだ。

マーケットによるセーフティネットをきちんと整備するには、もちろん、失業保険をきちんとして、新しい職を手に入れるための技能開発支援をすることが必要だし、そのためには政府による政策が必要だけれど、従来のようにとにかく丸抱えのままで社員を手放すな、というのがセーフティネットだという考えにとらわれすぎてはいけない。これまでの政策論議を見ても、労働市場を整備するのがセーフティネットになるんだ、という議論はほとんどないですね。これはほんとうに鶏と卵の話で、どちらかが変わらないと社会も変わりようがない。

もちろん、アメリカにはセカンドチャンスがあると言っても、ボトムからトップまでの賃金格差はすごく大きい。アメリカが理想的な社会であるというわけではないから、そこは気をつけなくてはいけない。

これまでの話は、労働市場を整備することで生産性の高い産業に労働力を移動していくことが、長い目で見て雇用の安定につながるし、そうしたかたちでセーフティネットを形成していくという話だったけれど、当然、そうした労働市場で新しい職を見つけていくことができない人間もいる。

貧困の文化

メアリー 今山岸さんがおっしゃったことは、『ウィークリー・トウキョウ・ケイザイ』の特派員リチャード・カッツが指摘している点と共通しているように思います。彼はこう言っているんです。

「日本の失われた一〇年は、一九五〇年代から六〇年代にかけての日本の経済的奇跡の原動力となった特徴が生み出したものである。追いつき追い越せという掛け声のもとに、貧しかった経済をあっという間に一流の経済に仕立て上げた政策が、追いついてしまったあとでは逆に、日本経済の足を引っ張るようになってしまった」

カッツが指摘しているのは、一九八〇年代までは、繊維産業、化学産業、小売業、農業などの生産性が低い産業を、政府の政策が保護していたということです。それが今では、日本経済全体の生産性や国民総生産の上昇を押しとどめることになってしまったのだ、と。

山岸　ぼくが「成功の呪い」という言葉を使って言っているのも同じこと。

メアリー　「日本病」の病原菌は、日本の政治経済体制の中に織り込まれてしまっているんだと、カッツは指摘しています。日本にはしっかりした社会的セーフティネットがないので、仕事を保障するためには、競争力のない企業や産業を規制や談合などを使って競争から守らないといけない。そのために、生産性の足が引っ張られ、経済成長のポテンシャルが押しとどめられてしまったのだ、と。

日本経済の二重構造については以前から指摘されていますね。国際的競争にさらされている部門には、高い生産性と強い競争力が見られます。それに対して、国際的な競争と無縁の産業の生産性は極めて低い。例えば食品産業の生産性はアメリカの四割にとどまっているんですね。

山岸　生産性の低い産業に対する保護政策が日本経済の生産性を下げているというのは、誰が見てもその通りだと思う。失業を生みださないためのそうした保護政策が、生産性の低い仕事に人々を押しとどめているというのも事実だと思う。カッツの指摘で一番重要なのは、そうした政策が必要だと人々が思っている根本的な理由が、しっかりしたセーフティネットが提供されていないという点だ。一度リストラにあったら、新しい仕事を見つけることができない。だから何とか今の仕事にしがみついていたいというのが、多くの日本人の本音なんだと思う。

こうした事態に直面して、あくまでも規制の強化でリストラを制限しようという方向をめざせば、問題はますます悪化するだけ。必要なのは、生産性の高い産業に労働力を効率的に移すための政策だ。そのためには、労働者が別の仕事に移りやすい環境を整える必要がある。再教育のための環境を整備する必要があるし、正社員と非正規社員の区別をなくす必要もある。

ただ、「貧困の文化」をどうするのか？　というのが、マーケット型のセーフティネットの一番の問題点だと思う。マーケットに入ろうとする気がなくなってしまっている人間に、どうしたらプレイヤーになろうと思ってもらえるか、という問題。

貧困の文化が生まれてしまうと、社会の底辺に置かれた人たちがやる気を失ってしまう。そういう文化では、親もひどい親だったりするし、そういうふうに育ってきているから自分の子どもにも同じようにしてしまう。まさに悪循環で解決の糸口が見つからない。唯一の方法は、やる気を出せば状況がよくなるという環境を作ること、つまり、やる気を出せば状況がよくなるような仕事を用意することなんだと思う。

こうした深刻な問題を考えるにあたって、ぼくは実は、二宮尊徳のことをよく考えたりします。メアリーは、二宮尊徳って知ってる？

メアリー　戦前の日本の小学校には、二宮尊徳のスタチュー（像）があったということとか、戦後になるとそうしたスタチューがほとんどなくなってしまった、ということぐらいしか知りません。

山岸　二宮尊徳は、江戸時代に活躍した「再建屋」で、経営破綻した大名や旗本の経営をうまく立て直すことに成功した人です。江戸時代も幕末が近づくにつれて、貧困の文化が生まれ始めていた。農民たちの中には、村が荒れ果てて、自分の田んぼも借金のカタに取られちゃって、やる気もなくなって、博打ばっかりやってる人たちがたくさん現れ始めていたんだ。幕末に日本に来た外国人の旅行記を読んでいると、「日本人は博打ばかりしている」といったことが書かれていたりする。

大名や旗本の領地にそうした貧困の文化が蔓延して、領地が荒れ果てた状態になっているのを、努力と工夫次第で結果がちゃんと出るんだということを実地で納得させ、農民たちのやる気を引き出したんだよ。二宮尊徳は。

二宮尊徳の事績を見ていると、決して一方的な説教をすることはない。こうすれば結果が出るんだよということを教えるために、まず試してみることができる環境を整えてあげる。そうした上で、実際に結果を出した農民に、それが合理的思考と努力のせいだということを分からせる。地道な作業だけど、結局はこうした方法しかないんじゃないだろうか。現代の優れた経営者も、結局は同じことをしているんだと思う。

別の言い方をすると、口で教える前に、インセンティブをちゃんと設定しておくってことだね。二宮尊徳がしていたように、ね。尊徳の教えは説教好きの人たちがよく引き合いに出す教えなんだけど、そういう人たちは、自分でインセンティブを整えることをしないで、教えだけを伝えようとする。尊徳の教えを説教するんじゃなくて、尊徳の行動を実際に実行することがたいせつなのに。

適切なインセンティブを作らないでおいて教育だけやろうとしても無理だし、それはメアリーが『失われた場を探して』で書いている、非進学校で偏差値レベルが下のほうの普通高校の生徒たちが直面している問題じゃないだろうか。

第八章　女性の能力を生かすには

メアリーの結婚の話

山岸　メアリーはシングルマザーだよね。アメリカでは珍しい話じゃないけど、日本ではシングルマザーに対する風当たりがまだまだ強いように思うんだ。働く条件でも子育て支援という側面からみても、まだまだ難しいことが多い。それに、夫婦二人で育てるより、一人で育てるほうが数倍大変なことはちょっと考えれば分かることなのに、倫理道徳を語る人たちから言わせると、未婚の母や、子どもがいるのに離婚するなんてけしからん、という話になりがちだ。

でも、家庭内でいがみ合って「家庭内離婚」をしているくらいなら、ほんとうに離婚してしまったほうがいいとぼくは思うんだ。

結局、結婚市場も労働市場と同じで、日本では、離婚した人にはセカンドチャンスが少ないから離婚しない。それは労働市場と全く同じ話。労働市場でも、ともかく会社とくっついていたい。それは、会社を離れたらセカンドチャンスがないから。結婚もそうで、会社と家庭を置き換えたら同じこと。もちろん、子どもをどちらが引き取るかという、労働市場にはない問題が結婚市場にはあるけど。

会社を辞めるとか、離婚をするとかいうときに、より良いオルタナティブを手に入れるために何が必要かというと、基本的には自分を磨くということですね。労働市場に限らず、結婚市場もそうだと思うんですよ。お互いにとって、魅力的な相手と一緒にいることができれば、嫌いな相手と別れられないでいるよりも、よっぽどいいじゃないですか。

「あんたが嫌いだけど離婚はしないわ」という相手と結婚を続けているというのは、どう考えても不幸だよね。子どものために自分が犠牲になって、いやな相手と結婚を続けるという自己犠牲的な考えもあるけど、そうした家庭で育った子どものほうが、片親と暮らしている、あるいは新しい親と暮らしている子どもより幸せだと、どうして言えるだろう。

実際、日本よりもアメリカのほうが離婚率はずっと高いんだけど、結婚に満足している程度も、日本よりもアメリカのほうがずっと高いという調査結果は、いくつも存在している。

メアリー　私は離婚経験者ですから、山岸さんのお話はよく分かります。最初の結婚の相手は、大学の同級生でした。二四歳で結婚して、離婚したのが二八歳のとき。結婚していたときに山岸さんと知り合いましたから、私の元夫とも会ったことがありましたよね。結婚したことに後悔はありませんが、私にとって結婚はつまらないものでした。

その後、大学院でキャリアを作って、研究のために何度も日本とアメリカを行ったり来たりしましたが、日本でもいい男がいなかった（笑）。研究者である私と対等な立場で生活をしていける男が見つからなくて残念です。当然なのかもしれませんが、（私を）学歴や現在の職業で見れば、やっぱりエリートだと思われてしまうし、男性の目から見れば、自分より上の立場にいる女性は結婚の対象にならないのでしょう。

こう見えて、私は山岸さんのような男友達を選ぶのは上手いのですが、ボーイフレンド（特定の彼氏）を選ぶのは案外下手なんですよ（笑）。

山岸　よく知ってます（笑）。

メアリー　アメリカでも三〇代でいい男が見つからなくて、出産を考えると年齢的に難しくなってくるのは分かっていましたし、でもやっぱり家族が欲しいと思って、四〇代になって養子を迎えることにしたのです。

アメリカでさまざまな書類を作って、手続きするのもちょっと大変でしたが、そうした苦労をしながら申し込みをしました。養父母になれる条件というのは、アメリカでは州ごとに法律が違うので一概に言えませんが、肉体面だけでなくメンタル面でも問題がないかとか、ＦＢＩに犯罪歴がないかとか、そういうことも調査の対象になります。でも、高学歴で、安定した収入があって、三五歳以上という条件に私はぴったり合ったので大丈夫でした。

山岸　だけど、結婚していることというのは、養子を迎えるための条件にはならないんですね。日本では、公的な施設を通して養子を斡旋してもらえるのは、子どもの養育に専念できる人がいる場合だけです。だから、メアリーのようにフルタイムで仕事をしている独身者は、養子を斡旋してもらえません。

メアリー　フルタイムで仕事をしている人には子どもを育てる資格がない、と考えるのはおかしいですね。

私が中国政府からもらえた情報は、子どもの写真と健康に関する書類です。ほかに情報はありません。最初に見た写真、まるでサルみたいに真っ赤な顔をしていたんですよ(笑)。名前はエマとつけました。

アメリカでは、高学歴の白人女性が養子をとることは、ニューヨーク、シカゴ、ボストンといった大都市ではそんなに珍しいことではありません。ハーバードの教授たちの中でも、夫がいなくて中国からの養子と暮らしている女性が、私を入れて三、四人います。当時はエマがどういう状況で育てられてきたかを知りたくて、孤児院に問い合わせなどもしました。けれども、孤児院の存在自体が、中国政府にとっては恥になりますから、孤児院を閉鎖してしまっていました。女の子が何人も捨てられて死んでしまったとか、いろいろな悪い情報だけが世界中に広がっていました。やっぱり貧しさから出てきた問題ですね。

当時、私が住んでいたシカゴからは九人のグループで子どもを迎えに行きました。うち七人が配偶者のある人か夫婦で、私ともう一人が独身女性でした。今では、中国人でも子どもに恵まれない人であれば、中国人の赤ちゃんを養子に迎えることができるようになったそうですが、まだ男の子がベストだという考え方が強いようです。

とにもかくにも、突然六ヵ月半の赤ちゃんを養子に迎えて母親になったのですから、それは大変なことの連続でした。でも、家族をもてたことで得た喜びや精神的な充足感は、何ものにも代えがたいほど大きなものでした。エマは元気に育ってくれているし、幸せを実感しています。ボーイフレンドを作ったり、結婚したりすることはもう百パーセントやめることにしましたけれどね（笑）。

日本とアメリカの「法律」のズレ

メアリー　日本でシングルマザーというと、離婚か、最初から結婚しなかった場合だけを指すと聞きました。夫と死別して一人で子どもを育てている母親も「シングルマザー」のはずですけど、一般的には、そうした母親を含めて「母子家庭」という言い方をするそうですね。

アメリカでいうシングルマザーは、例えば最初から結婚という選択をせずに養子をとったとか、精子バンクから精子を買って人工授精で子どもを産んだとか、妊娠したけれど結婚の意思が（片方または双方に）なかったとか、そもそも妊娠するつもりじゃなかったから仕方なく産んだとか、個々のケースによってさまざまな環境条件で子育てをしています。

日本でも民主党政権になって、子育て支援の政策が大きく変わろうとしているようですが、働く母親を支援していこうという点では、アメリカと比較しても、政策に大きな違いはないように思います。確かに、このところの不況下ではアメリカでも、シングルマザーには労働市場に入るのが難しい状況が続いています。それでも、能力さえあれば、厳しい労働市場の中でチャンスをつかめる可能性はあるわけです。

日本の女性たちの話を聞いていて、アメリカと大きく違うと思うのは、アメリカでは女性が労働市場に出ていったときに、シングルマザーであることで不利に扱われたり、そのことで差別されたりすることはない、ということです。第一、シングルマザーであるか否かなどということを面接で質問したりしません。それに、そんな質問をしたら、法律違反で訴えられてしまいます。

いったい、そんなことを聞く理由がどこにあるのでしょう。シングルマザーであることと、その人の仕事に関する能力や生産性は何ら関係ありません。シングルマザーのことだけでなく、日本では、性別（女性であること）をはじめ、年齢や子どもの有無、また将来子どもを産むつもりかどうか、といったことにいたるまで、私的なことが就職に影響するそうですね。でもアメリカでは、面接でそういうプライベートな質問をすること自体が法律で禁止されています。当然、法律ですから違反すれば（そうしたプライベートな質問をしたとしたら）、その企業が罰せられることになります。そうした問題が全くないわけではありませんが、法律の存在は効果的だと思いますし、それによって社会のルールが明確に示されていると思います。

山岸　メアリーの眼には、日本のこういう状況が非常に不可思議なものに映っているんじゃないかと思う。日本人って、実現不可能な目標を建て前として立てる一方、実際にはそれが実現不可能だと分かっている。だから、違反するのがあたりまえだとみんなが思ってるし、違反しても見逃しちゃう。

交通ルールのスピード制限がその典型。例えば、制限速度が五〇キロとされている道があるとする。実際にはその道をみんな六〇キロ、七〇キロで走っているのが実情で、どう考えてもこの道の制限速度が五〇キロはおかしい、と思うことがよくある。もしこの道に適正な制限速度を設けるとしたら七〇キロにすべきなんだけれど、そうすると今度はみんなが一〇〇キロくらいスピードを出してしまうようになるだろう、だから多くの車を七〇キロで走るようにさせるため、制限速度は五〇キロにしておいたほうがいいだろう、という発想。

違反するのはあたりまえで、どの程度の違反が許容範囲なのかということを、暗黙のうちに共有している。それを大きく逸脱しない限り、法律に違反していても、違反しているという意識がうすいし、そうした違反に目くじらをたてないのがあたりまえになっている。日本のシステムってだいたいそういうのが多い。法律や規則どおりに実施すると、ものごとが動かなくなる。だから、いわゆる建て前として法律を決めておいて、実際は現場の人が適当に工夫をしてやってください、という方式。つまり、ズレがあるということを前提にしてシステムを作っているんだね。でも、そのことで現場が非常に苦しんで、理不尽に不正を問われるケースもある。

こうした問題に直面したときには、規則を現実にあうように変えるのが当然なのに、規則を変えることに対する抵抗の大きさを考えると、結局は当事者たちの間に自発的に「集団主義的秩序」を作ってしまう。それが山本七平さんの言う「空気」となって、当事者たちの行動をしばることになる。そうなると、何とかうまくいくようになって、規則そのものを変えようという気がなくなってしまう。

メアリー 「建て前」と「本音」のズレを運用で処理しようということですね。もちろんアメリカにだって建て前のようなものはあります。よく、ＰＣ（ポリティカル・コレクトネス）という表現をするんですが、こういうことを言うと差別主義者だと思われたりするので、ほんとうはそう思うんだけど、口に出すことはしないでおこう、ということはあります。ただ、日本みたいに、公的な規則を建て前で作るということはあまり多くありません。日本のシステムは、現実とズレがあるということを前提にして作られていると山岸さんがおっしゃいましたが、アメリカのやり方は違います。

アメリカでも、日本人から見ると「えー！　そんなこと無理でしょ」と思うような法律を作ったりしますが、そういったときでも、「それは建て前で、運用は本音でやるから心配しないでね」というように考えているわけではありません。例えば、差別をなくすために作ったクオータ・システムなども、それが必要だからということで、本気で作ったわけです。クオータ・システム（割当制）というのは、人口に応じた割合で少数民族を採用したり、入学させたりしないといけないという制度です。そのため、成績のいい白人が医学部に入れなくて、もっと成績の悪い黒人が入学できるというような、一部の人たちが「逆差別」と呼ぶ現象が生まれてしまいました。そういうときでも、「これは建て前なんだから、運用は逆差別が生まれないように適当にやってね」というふうに考えていたわけではないんですね。

だから、「そんなシステムは現実に合わないじゃないか」という批判が増えてくると、制度のほうを変えることになります。実際に、そうなりました。

まず、法律が出来上がったら、きちんとその目的が実現できるように、システムを作っていかないといけません。もちろんアメリカでも、そうするためには時間がかかりますが、そうやって法律を現実化していくんです。それでもし、その法律に違反するようなことがあって、自分が不利益を被るようなことがあれば、裁判に持ち込みます。でも、それは最後の最後の手段です。

日本で言われているほど、一般の人にとってアメリカは訴訟社会ではありません。訴訟は効率的な解決方法ではないからです。アメリカでも日本と同じように、訴訟となればお金も時間もかかる。そして弁護士に相談するにしても、訴える側にだって知識が必要です。だからそんなことをできるのは中流階級以上の人たちだし、訴訟自体あまり効率的なメカニズムではないのです。訴訟になると大変だから、なるべく避けるようにします。

話が戻りますが、労働のことなどで会社から不当な行為を受けた場合には、政府から会社に対してのペナルティが科せられる。これは効果的なやり方です。個人で裁判に持ち込んで争うのは、効率的な行動じゃないのです。でも日本のように、法律と現実のズレがあるのを承知して社会が成り立っているわけではありません。そのあたりの前提が、アメリカと日本では大きく違います。

法律を決めるにあたっては、最初に何がリーズナブルな行動であるかを徹底的に検討します。アメリカには移民が大勢いて、さまざまな人種の人たちが一緒に暮らしていますから、差別をはじめさまざまな問題を抱えています。だからみんなが納得できる原理を決めるのに非常に時間がかかります。でも、そこをクリアにしなければ法律が作れない。だけど、それさえきちんと決められれば、あとは、法律の運用にあたっては白黒をつける、つまり○か×かしかありません。この点は非常にはっきりしています。

日本で無駄になっている女性の人的資本

山岸　法律の運用とも関連してくるんだけれど、ぼくが日常的に感じているのは、日本の女性たちの能力がいかに生かされていないか、ということ。ぼくの大学の研究センターで何人か秘書を雇っているんだけれど、一番ビックリしたのは、すごく有能な人がたくさん応募してくること。英語が堪能な人も何人も応募してきます。期限付きの仕事であるにもかかわらず、これだけの能力を備えた女性たちが応募してくるなんて、社会が女性の才能を埋もれさせてしまっているとしか思えない。いったい日本全国で、どれほどの才能が使われないで浪費されているのか、どうしてそういうことが起こるのかと思う。

メアリー　山岸さんもご存知だと思いますが、日本では女性労働者のM字カーブという現象が、今でもまだ残っています。若い女性は結婚して子どもを産むまでは働いて、その後で仕事を辞めて家事と育児に専念する。そして子どもに手がかからなくなるとまた働き始めるので、二〇代後半から三〇代までの女性の就業率が低下して、就業率のカーブが全体としてM字形になるという話です。

こうしたM字カーブが見られるのは、アジアでも日本と韓国だけです。台湾でも昔はM字カーブが見られたんですけど、今では見られなくなっています。もちろん、欧米諸国ではこうしたパターンは今では見られません。

日本での女性の就業については、もう一つ特徴があります。フルタイムの就業よりもパートタイムの就業が多いという特徴です。一つの理由として、妻の収入に対する税金の控除額がフルタイムの就業の足枷《あしかせ》になっているということがあります。税金の控除額の範囲内で働こうとするので、フルタイムではなくパートタイムということになってしまいます。

山岸　三五歳から四四歳までの非正規雇用者の比率を見ても、男性が八パーセント程度（二〇一〇年）なのに対して、女性では五割を超えている。

メアリー　山岸さんがおっしゃるように、日本で無駄になっている女性の人的資本はすごい量ですね。それがどれほどのものなのかを、労働経済学者のマーカス・レビック教授と社会学者の小野浩教授が分析しています。日本人女性がパートタイムで働いている比率は女性労働者の四二パーセントなんですが、これをアメリカ並みの二〇パーセントまで減らして、また、日本人女性の就労率を現在の六七パーセントからアメリカ並みの七七パーセントまで引き上げたらどうなるかを試算したんですね。そうすると、女性の労働投入量は二七ポイント上昇し、男性も含めた日本全体の労働投入量が一一ポイントも上昇するというんです。逆に言えば、現在の日本はその分だけ損をしているわけですね。現在では高等教育を受ける女性の比率は男性の比率よりも高くなっているので、そうした女性の人的資本が使われていないというのは、ほんとうに大きな損失だと思います。

日本でも女性の労働参加を促進するための方策が取られていますが、なかなかうまく機能していないようですね。例えば、子育てのための育児休暇制度を作って父親も子育てを分担できるようにしても、育児休暇をとる男性はほんの少ししかいません。そのため、子どもが生まれると、女性が仕事をあきらめるという状態が続いているんですね。

これはレオナード・ショッパという人が『脱出競争』という本の中で書いていることですが、日本でも性別役割についての考え方はだんだん変化しています。だけど、女性がそうした変化をあまり積極的にプッシュしていないのでびっくりする、と。ショッパさんの言葉を使うと、日本の女性は「静かに抵抗している」だけで、職場での性差別をなくし、男性が育児休暇をとることをあたりまえにするような政策の必要性に対して、十分に効果的な議論を展開していないということです。

つまり、日本の女性は、現在の状態から抜け出すために、二つの途《みち》のどちらかを選択しているんだ、と。一つは、結婚しないか、結婚しても子どもを産まないという選択。この途を選べば、子育てと自分のキャリアとをどう両立させるかという問題に直面しないですむんですね。だけど、みんながこの途を選ぶと、変化が生まれなくなってしまいます。

二つ目は、結婚して子どもを産んで、仕事を辞めるという途。この途を選ぶ女性もたくさんいます。だけど、みんながこの途を選ぶことにしたら、やはり変化は生まれません。どうやって仕事と家庭を両立させるかという問題から逃げ出してしまっているからです。

ショッパが言いたいのは、あまりにも多くの女性がこうした二つの途のいずれかを選択してしまっているので、社会の変化が生まれにくくなっているという点です。仕事をとって家庭をあきらめるか、家庭をとって仕事をあきらめるか、どちらか一方を選択しているかぎり、いつまでたっても社会の変化にはつながらないだろう、と。

こうした問題の背後には、社会制度と規範に柔軟さが欠けているという現実があるんですね。良い働き手についてのイメージが固定していて、同時に、良い母親のイメージも固定してしまっていれば、二つをうまく組み合わせることは最初から無理な試みだということになって、どちらかを選ばないといけなくなってしまう。

こうした状態は、とても残念な状態ですね。女性だけではなくて、男性も含む社会全体にとって、こうした柔軟性の欠如はマイナスに働いているんです。一生懸命に働いて家族を養うのが立派な男性の姿だとすれば、仕事も家族も両方ともたいせつだと思っている男性はどうなるんでしょう？　こうした男性像にとらわれていると、家族をたいせつにしたいと思っている男性も、仕事に縛りつけられてしまい、家族と一緒に過ごす時間を持てなくなってしまいます。

集団主義的か、個人主義的か

山岸　メアリーの言っていることにほぼ百パーセント賛成なんだけど、日本人が固定した父親像や母親像にとらわれているという事実から議論を出発させるのは、あまり生産的ではない気がする。もっと極端な言い方をすると、それは幻想かもしれない。

つまり、多くの日本人は、固定した父親像や母親像なんて持っていないのかもしれない。僕はそう思っています。そうした固定したイメージを自分自身では受け入れていなくても、ほかの人たちがそうしたイメージを持っていると思い込んでいるので、ほかの人たちから悪く思われないように行動しているだけなんだ、と。

これは、第四章で紹介したペンを選ぶ実験の結果と同じ原理です。日本人もアメリカ人と同じように、ユニークな色のペンを欲しいと思っているんだけど、ほかの人からどう思われるかを考えてしまうと、自分の好きなペンを選ぶことができなくなってしまう。それと同じように、自分では家庭も仕事も両方大事にしたいと思っていて、個人的にはそうした生き方が好ましいと多くの日本人は思っているんだけど、そうした自分の好みに合わせた生き方をしようとすると大変な目にあってしまうと思い込んでいる。

これは、ぼくが集団主義的秩序と呼んでいる状況。一人ひとりの日本人が持っている父親像や母親像が固定しているので、どちらかを選ばないといけなくなるというのではなく、一人ひとりの日本人はそんなことをしたくないんだけど、そうしないと大変な目にあってしまうと思い込んでいる。さらに、そうした思い込みに反した行動をしている人を非難しないと、自分も仲間だと思われて大変な目にあってしまうと思い込んでいる。

だから、誰も個人的には望んでいない状況が、集団主義的な秩序として出来上がってしまう。ある信念体系が自己維持的になっている状態と言ってもいい。ぼくはそうした状態を「制度」とよんでいるんだけど、そういう状態が出来上がってしまうと、そこから逃げ出せなくなってしまう。裸の王様のようなもので、誰も「それは違うんじゃないか」と言えなくなってしまう。

要するに、重要なのは、そんなことをしたら大変な目にあうという思い込みが、誰も個人的には望んでいないにもかかわらず人々の行動を縛っている、ということ。

この点に関しては、面白いデータがあるんだよ。日本人の多くは、自分は集団主義的ではなくどちらかといえば個人主義的だと思ってるし、集団主義的な生き方よりも個人主義的な生き方のほうが望ましいと思っている。だけど他の人たちは自分とは違って集団主義的な生き方を好ましいと思っていて、だから個人主義的な行動をとるとそうした人たちから悪く思われてしまうと思い込んでいる。そうした考えが学生の間でも一般市民の間でも広くみられることは、いろんな研究で繰り返し明らかにされています。

メアリー　私が社会制度や規範に柔軟さが欠けていると言うのは、山岸さんが言っている点も含んでいるんですよ。一人ひとりの日本人が柔軟さに欠けた考え方をしているというよりは、そうした規範が社会全体に頑強に存在しているという信念こそが重要なんだと思います。

ということで、もう一度話を戻します。さっきお話しした日本の状況は、スウェーデンではまったく違っています。少子化についての話の中で出てきたように、スウェーデンの出生率は日本の出生率よりもずっと高いんですね。

育児休暇が女性だけではなく男性にも与えられるようになったのはスウェーデンが最初で、一九七四年のことです。この制度が導入されたばかりのときには、今の日本と同じように、男性で育児休暇をとる人はほとんどいませんでした。そうしたのは、たった六パーセントでした。

しかしこの状態は、自由人民党の党首で社会問題大臣を務めたウェステルベリエが、一九九五年に新しい制度を導入したことで大きく変わったんです。少なくとも一ヵ月は男性が育児休暇をとらないと、夫婦全体に与えられる育児休暇が一ヵ月分減ってしまうという制度です。この制度を導入するに当たって、ウェステルベリエはこう言っています。

「社会は家族を映す鏡である。社会で平等を達成するただ一つの途は、家庭で平等を達成することにある。父親が育児休暇をとることは、家庭で平等を達成するために欠かすことができない」

この政策が導入された一九九五年以降になると、スウェーデン人の父親の八〇パーセント以上が育児休暇をとるようになりました。この政策がうまくいったので、スウェーデンの社会民主党は、二〇〇二年に一ヵ月から二ヵ月に延長されたこの最低基準を、さらに四ヵ月に延長する提案をしています。

同じような制度は、保守的な性別役割意識で知られるドイツでも、二〇〇七年に導入されています。その結果、二年後には、育児休暇をとる男性の比率は三パーセントから二〇パーセントにまで上昇しているんです。

雇用の問題は、効率的な労働市場を整備していくことで対応可能な側面が多いと思いますが、マーケットでは解決できない問題に、医療の問題がありますね。前にも話しましたが、つい最近まで、アメリカでは国民皆保険の制度がありませんでした。だから、失業してしまうと、医者にも診てもらえなくなってしまいます。その点、日本の制度はいいと思いますよ。マーケットで解決できない問題については、日本のほうが優れているんじゃないでしょうか。

山岸　確かに、日本の現在の医療は、少なくともふつうの患者にとってはすごくいいですね。アメリカはもとより、ヨーロッパに比べても全然違う。例えば、具合が悪くなって病院に行って、ＭＲＩの検査が必要になったとすると、日本ではその日のうちにＭＲＩ検査ができます。でもヨーロッパに行ったらＭＲＩ検査のために三ヵ月待つのなんてあたりまえ。カナダでもそう。カナダの人たちは、医療保険の制度を利用すると、高度な検査を受けるのに三ヵ月とか半年とか待たないといけない。私の知っているカナダ人は、足の骨折の治療を受けるまで、何ヵ月も足をひきずりながら待たされた。

だから、お金のある人は、アメリカの病院で診てもらう。お金のある人はそうしたことができるけれど、お金のない人は我慢しないといけない。お金がある人にとっては、アメリカの医療はトップレベルですね。

そう考えていくと、日本の医療制度が一般の患者にとってなぜそんなにうまく維持できているのか、そのほうが不思議です。たぶん、そのしわ寄せが日本では医者、とくに高度医療を担っている大病院の勤務医に行っているんだと思う。大病院の勤務医の労働環境はすごく悪いし、給料もあまりよくない。たとえば、入院病床一〇〇床当たりの医師数はアメリカの五分の一、ドイツの三分の一。アメリカやドイツの医師の三倍とか五倍の重い負担を医師に担ってもらうことによって、日本はこれまで何とかやってこられた。

でも、急患のたらい回しなどに代表されるように、日本の医療制度はもう限界にきていると思う。医学部では、責任を伴ううえに仕事がきつい外科の人気が落ちて、眼科医や精神科医など、外科医と比べると緊急対応が少なく、仕事が比較的楽な分野の専門医ばかりに人気が集中するようになっているけど、それも仕方ない現象だと思う。過酷な労働のうえに責任追及も厳しいとなれば、誰だってそんな分野の医者になりたくはない。

教師に対してもそうなんだけれど、国民には、医者も教師も利益を考えるな、無私の精神をもってことに当たりなさい、という倫理体系が染みついてしまっている部分がある。だから、教師や医者が利益を追求しているのを見ると腹が立つ。もちろん、無私の気持ちや思いはたいせつにしたいとぼくも思うけれど、そういう倫理体系にもとづいて作られたシステムに限界がきていることが明らかなんだから、それだったら、もう少しみんながうまくいくようなやり方を考えるべきだと思います。

法律の整備

山岸　統治の倫理から見たマーケット批判というのは、倫理がないということなんだ。私欲だけがある、と。リーマン・ショック以後になって、アメリカでも日本でも、この種の批判がよく見られるようになった。とくに日本では、小泉政権による規制緩和が国民の間の格差を拡大させたという批判と一体になって、多くの国民の共感を得ている。だけど、この種の批判の一番の問題点は、倫理イコール統治の倫理だと思い込んでいる点。だから、無私の精神を強調する武士道がもてはやされることになる。

ここでちゃんと考えておかないといけないのは、統治の倫理は、実は統治者に求められている倫理であって、誰もが守ることのできる倫理ではないという点だと思う。統治者は、その気になれば利益を独り占めすることができる。それを妨げる力を持った人はいない。だから、自分の利益を考えてはいけない、というのはよく分かる。そりゃあ、自分の利益ばかり求める人に独裁者になってほしくないよね。

だけど、すべての人に無私の精神を求めるのは、どう考えたって無理な話。そんな無理なことを強制しようとしたって、うまくいくはずがない。そのいい証拠が、社会主義国の失敗です。人民のために自分を犠牲にしなさいという倫理教育あるいは思想教育を徹底的に実施したのに、そんな理想的な人たちを大量に作り出すことはできなかった。

それよりは、正直に商売をすると結局は自分のためになるんだよという市場の倫理なら、誰にでも受け入れることができるはず。統治の倫理と市場の倫理は、どちらが優れた倫理かということではなく、これからの日本社会にとっては、どちらの倫理体系のほうが有効に機能するかを考えないといけない。マーケットは統治の倫理には適合しないけど、そのことは、マーケットでの活動は欲にまみれた、倫理的に堕落した人間を作るという考え方の根拠にはならない。

商人は卑しいと考えていた江戸時代の武士たちの考え違いを、今もう一度繰り返す必要はないし、そうすべきでもない。

基本的に、法による統治というのは商人型です。法による統治じゃなければ集団主義的な統治になる。集団主義的な統治は、集団を外部に対して閉ざして、その中でお互いに見張りあい、ダメなやつは罰するか追放する。これは集団の中でだけみんなが暮らしている間はうまくいきます。

ただ、そうした閉鎖的な秩序形成をしていると、集団の外部にあるいろんなチャンスを生かすことができなくなってしまう。そうしたチャンスを生かそうとすると、いろんなリスクを取らないといけなくなるんだけど、リスクが大きすぎると結局はリスクを避けようとして、プリベンション志向になってしまう。だから重要なのは、法律を使って、リスクをある程度小さくすることです。

つまり、法律の役割は、最低限の保障を与えるということ。法律がすべてを解決するなんてことは考えられない。法律だけで秩序を維持しようとすると、そのためのコストが巨額になりすぎるから。だから現実的なのは、法律によってある程度の保障を与えておいて、ある程度リスクを取りながら、そして信頼できる相手を見極めながら倫理的なしかたでつきあっていくというやり方。その保障がないときに、信頼と倫理だけでつきあおうとするには無理がある。

集団の外部にあるリスクを小さくするための方法としては、法律を整備するのが一番効率的ですね。その上で、マーケットがうまく働くようにして、マーケット型の倫理をみんながが身につけるようにすれば、倫理はお説教ではなくなります。無理にこうしろと言っているのではなく、そうしたほうがいいよ、と言っているわけだから。

その証拠に、ヨーロッパでも日本でも、商業活動が盛んになってくると商人型の倫理が生まれてくる。日本の江戸時代に生まれた心学、ヨーロッパのプロテスタンティズムもそうです。そうした市場型の倫理を育成し一般化していくための具体的な方策についてはみんなで議論していかないといけないけど、これからの社会をうまく運営していくためには、そうしたかたちの倫理が必要なんだということだけは理解しておいたほうがいいと思います。

日本の女性の「静かな抵抗」

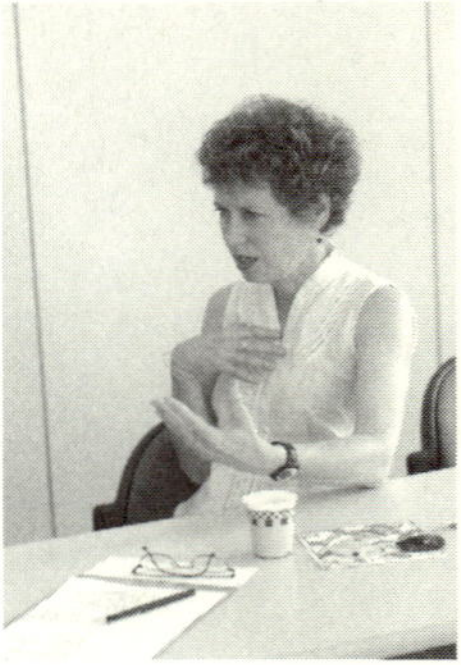

日本では女性労働者の
M字カーブ現象が
今でも残っています。
若い女性は結婚して
子どもを産むまで働いて、
その後で仕事を辞めて
家事と育児に専念する。
子どもに手がかからなくなると
また働き始めるので20代後半から30代までの
女性の就業率が低下して、就業率のカーブが
全体としてM字形になるという話です。
こうしたM字カーブが見られるのは、
アジアでも日本と韓国だけです。

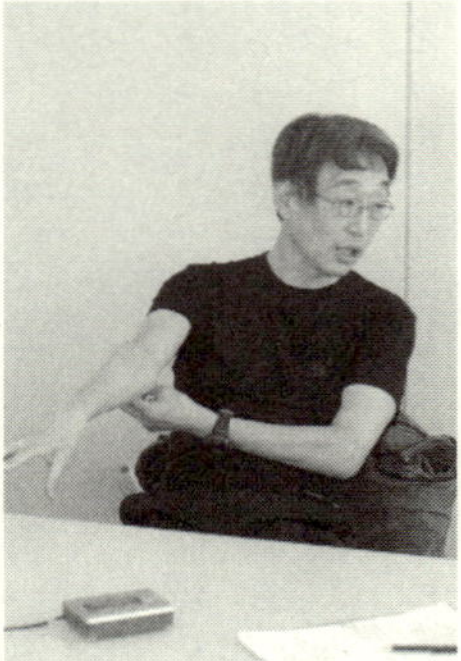

35歳から44歳までの
非正規雇用者の比率を見ても、
男性が8パーセント程度なのに
女性では5割を超えている。

第九章　ジャパン・アズ・ナンバースリー

「行動する」のが一番ですよ

メアリー　対談も終わりに近づいてきました。だからこの章は、二人が対談の中で述べてきた主張を、それぞれまとめて話すことにしませんか？

山岸　賛成です。そうしましょう。メアリーから始めてください。

メアリー　それじゃあ、私が言いたかったことをまとめて話すことにします。

二〇一〇年二月に出た『ニューズウィーク日本版』を憶えていますか？　「ジャパン・アズ・ナンバースリー」という挑発的なカバーストーリーが掲載されていた号です。日本人にはショッキングな話だったんじゃないですか？　要するに、日本はＧＤＰで中国に抜かれて、世界第三位になるというストーリーです。

このストーリーはそれだけで興味ある話なんですけど、私が最も興味を持ったのは、一九七九年に出版された『ジャパン・アズ・ナンバーワン』の著者エズラ・ヴォーゲルさんが、その記事の中で述べている言葉でした。そこでヴォーゲルさんは、日本人は違う文化的背景を持つ人たちとのつきあいが苦手だという点について、次のように述べています。

「私は、毎月一回自宅に日本人を招いている。彼らは日本人同士での意思疎通は非常にスムーズだが、アメリカ人との交流はそれほど得意でない。文化的背景が異なる人と交流する経験が少ないからだ。中国人はその経験がある。文化の多様性の長所だ」

この発言は、私にはとても印象的でした。ヴォーゲルさんは、私と一緒で、日本をほんとうに愛しています。だから、日本人は違う文化の人たちとつきあうのが下手だという指摘は、心のこもったアドバイスだと思うんです。このことは、日本にとってとても大きな問題ですから。

去年の夏に私が東京でした経験についてお話ししましょう。私はある会社から講演を頼まれました。その会社は創業八〇年の歴史のある会社で、最近、巨大な多国籍企業に買収されたばかりでした。

この会社には、私の昔の学生が勤めていたんですが、彼女の上司が私の『失われた場を探して』を読んで、その本の内容を彼女に紹介したんです。私の昔の学生は、びっくりして言いました。「この本の著者は、私の先生なんです！」って。

その言葉を聞いて彼女の上司もびっくりして、それなら私に講演に来てもらえないかということになったんですね。それで私も、この会社の人事部で、異文化理解や異文化コミュニケーションについて講演をすることにしました。多国籍企業に買収された後、この会社では、外国からやってきた管理職や重役の人たちと、日本人の管理職やセールスの人たちとの間で、文化の違いからくる誤解が頻繁に発生していたようです。

私が異文化コミュニケーションについての講演を終えると、二〇代後半のとても聡明な女性社員が手を挙げ、質問をしました。

「最近、仕事でとてもフラストレーションがたまっています。なぜかって言うと、本社から派遣されてきた外国人のマネージャーとうまく話が通じるようになったと思うと、すぐに新しい人と交代してしまうからです。だから、毎回最初から同じことを繰り返さないといけないんです。日本ではどう仕事がされるのかとか、下請けとの関係がどうなっているかとか、日本でのビジネスの手続きとか、ビジネスがどうやって成り立っているのかといったことについて、毎回最初から説明しないといけないんです。こうした日本的ビジネスの慣行を外国人のマネージャーに理解してもらうことは、とてもたいせつなことだから。本社が新しい人を送ってくるたびに、日本文化を理解しない外国人に同じことを最初から説明しないといけないので、ほとほと嫌気がさしてきてしまいました」

私は彼女の置かれた状況やフラストレーションがもっともだと思いました。けれど一方では、彼女の言い分は、日本の置かれた状況をとても明確に表しているのだと思ったんですね。「日本のビジネス文化は、外国人のマネージャーに毎回ちゃんと説明しないといけないほど特殊なままなんでしょうか」って。

もしそうだとしたら、率直に言って、日本が長期にわたる不況から抜け出すのは難しいのではないかと思いました。そして、中国だけではなく、その他の新興国の後塵を拝するようになるだろうな、って。それで、こう答えたんです。

「日本的なビジネスのやり方や、日本的なビジネス関係の作り方があるのは理解しています。だけど、こう考える必要があるんじゃないでしょうか？　日本的なビジネス慣行がそれほど特殊なもので、新しい取引相手ができるたびに何度も何度も説明しないといけないのだとしたら、日本の経済は今後ますます他の国から置き去りにされることになるだろう」って。

私は日本が好きで、日本文化が大好きです。だから、不必要に日本のことを批判するつもりはありません。それに、「アメリカ的」なビジネスのやり方を世界中のすべての国が受け入れなければならないとも思っていません。けれど、世界中の企業はお互いに文化を超えてつきあうやり方を学びつつあるんですよ。日本だけが、この「グローバルなビジネス文化」に参加しないですむと思いますか？

こんなふうに考えてみたらどうでしょう？　私が外国人のビジネスパーソンだったとします。私はどの国の人たちとビジネスをするか、選ぶことができます。そうしたときに、同じビジネス文化を共有していて、だから互いに理解しあえる人たちとビジネス関係を結ぼうとしないで、わざわざ、苦労しないと理解できない人たち（たとえば日本人）を相手にビジネスをしたいと思うでしょうか？

ほかの条件が同じであれば、努力をしないと理解しあえない日本人を相手にビジネスをするよりは、そんな努力をしなくても理解しあえる国の人たちを相手にビジネスをするほうが、よっぽど効率がいいと思いませんか？　そして、こうした効率こそが、ビジネスの決め手なんだと思いませんか？

だから、日本的なやり方をするかどうかは、好きとか嫌いとかいう問題じゃないんです。ビジネスを効率的に進められるかどうかという問題なんです。私が日本経済の将来を心配するのは、こういった理由からです。

日本の企業は、グローバルなビジネス文化についてもっとちゃんと理解する必要があるんだと、私は思っています。そして、二一世紀のグローバルなビジネス環境で成功するためには、このグローバルなビジネス文化に適応しないといけないんだ、と。

中国はそうしています。韓国もそうしています。インドだってそうしています。日本だってそうしないといけないんじゃないでしょうか？　日本だってそうしようとすれば、できるはずです。明治の日本を振り返ってみれば、そのことはよく分かるはずですね。

山岸　明治の日本には、成功の呪いがなかった。戦後の日本にも、成功の呪いがなかった。今までのやり方をしていたら大変なことになってしまう、世界の中で生き残っていくためには自分たちが変わらないといけないことをみんな理解していた。

現在の日本が変われないのは、成功の呪いを受けているから。高度成長期を成功に導いたやり方にとらわれてしまって、それが今では足を引っ張る最大の原因になっていることに気づいていない。いや、ある程度気づいてはいるんだけど、それほど深刻な問題だとは考えていないんだと思う。


メアリー　この本のはじめに言いましたね。日本語と日本社会について学び始めたときには、日本的なやり方を身につけるのがとてもうれしかったって。二〇代のころの私は、日本に魅了されていました。

今から振り返ると、私の生い立ちが、日本を魅力的にしていたんだということが理解できます。

一つの理由は、私が育った家庭では、表立った対立がまったくなかったということです。家の中では、ほかの人たちと対立する意見を述べたり、反論したりすることが許されていなかったんですね。私たち兄弟姉妹は、「いい人」として育てられたんです。

内面的には、私は自分が意志が強い人間だということが分かってました。家族や友達もそのことをよく理解してくれていました。だけど、穏やかで親切な人になるように、ほかの人と意見が合わなくても自分の考えを大っぴらに口にしないようにという育て方をされたので、家族や親しい友人の外の世界でどうすればそのことを理解してもらえるのか、私には分からなかったんです。

山岸さんも経験したと思いますけど、アメリカ人は、自分の意見をほかの人たちに言い張る人を強い人だと考え、そうじゃない人を弱い人だと考える傾向があります。私自身はそうした典型的なアメリカ人ではなかったので、自分の内面の強さをアメリカ人には分かってもらえないと感じていました。

山岸　ぼくはメアリーが表面的には穏やかで親切ないい人なんだけど、芯がしっかりしている人、つまり内面的な強さを持った人だと分かってた。出会った最初から。メアリーのことを知っている日本人は、ぼくの妻も含めて、みんなそう感じてると思う。だから、みんなメアリーのことを好きになるんですね。

メアリー　だから私は、日本に着いたとたん、「ああ、なんて気が休まる場所なんだろう！」って思ったんです。「やっと私のことを理解してくれる人たちに出会うことができた。この人たちには、私のことを理解してもらうために四六時中自分の意見をしゃべり続けなくてもいいんだ」って思ったんです。とても新鮮な経験でした。

そのころ（二〇代のころ）の私は、日本語の間接的な表現や、間接的な物事の進め方にすっかり魅了されていたんです。とても興味深いし、素敵でした。だから、いろいろな面で典型的なアメリカ式のやり方から、どちらかというと日本的なやり方に変わるのは、そんなに難しいことじゃなかったんです。

山岸さん、憶えてるでしょうか？　博士論文のための研究で東京に滞在していたときのことです。最初は多摩のほうに住んでいたんですが、もっと渋谷の近くのアパートに移ったときのこと。私は今でも憶えています。山岸さんにこんな話をしたんですね。「最初のアパートを探すのを手伝ってくれた友人たちに、渋谷に引っ越すことにしたと告げるのがとても心苦しい」と。その友人たちは、アパート探しを手伝ってくれただけじゃなくて、近くに住んでいたんです。

そしたら山岸さんは笑って、「日本人みたいだね。友人たちがどう思うかをそんなに気にするなんて」って言ったんですよ。私は最初のアパートに一年近く住んでいて、都心の大学まで通うのに疲れ切っていたので、大学の近くに移るというのはもっともな決断でした。だけど、それでも、友人たちがとてもがっかりするんじゃないかと気になっていたんです。だから、アパートを移ることにしたと友人たちに言うのは、とても難しかった。

最近になっても、まだ、日本の人たちが、いろんなことを複雑で間接的なやり方ですることはいいことだと思っています。日本の人たちが直接に「ノー」と言わないで、あいまいな言葉や身振りを使って同じことを言おうとしているのはよく分かります。どんなときに目上の人に反対意見を言わないようにしたらいいかということも、十分に理解しています。また、どんなときだったら反対意見を言ってもかまわないかも、ね。

だけど、歳をとるにつれ、対人関係の対立を避けるためのそうした特別のやり方にだんだん我慢ができなくなってきたんですね。歳をとるにつれ、私の考え方が変わってきました。私が日本式のやり方を使うんじゃなくて、日本人がもっとグローバルなやり方をするようにしないといけないって考えるようになったんです。両方の文化を使い分けられるようになるのがたいせつなんだとも思わなくなってきました。とくに、グローバルなコミュニケーションのやり方に適応しようとしない人たちを相手にしている場合には。

私が変わったのは、「時は金なり」だからだと思います。同じ結論と結果に達するために二倍の時間をかけるのは、あまりにも効率が悪いですね。もっと直接的にコミュニケートできるはずなのに。違う意見や視点を率直に伝えあうことは可能だし、互いに相手を尊重しながらそうすることが可能だと、今では理解しています。そうするほうが手早いし、そうした率直な意見の交換からは新しい視点が生まれることもあります。お互いに遠慮しあっていると、そうした新しい視点を見つけることが難しいですね。だから、率直に意見を言いあうほうが生産的だと思います。

だから、日本人の知り合いと一緒にいて、お互いに丁寧な回りくどいやり方をしているのを見ると、「ストップ」と言いたくなります。「そんな回りくどいやり方はやめにして、もっと率直に意見を言って、結論を下すようにしましょう」ってね（笑）。

私の好きな英語の表現に、「人生を楽しみなさい。あなたの人生はリハーサルじゃなくて本番なんだから」という言い方があるんですけど、ほんとうにそうだと思います。この世で自分の達成したいことを成しとげ、人生をエンジョイするチャンスは一度しかないんです。だからそうしたチャンスを逃さないでものにして、ほかの人がどう思うかを気にするのはやめにしましょう。

この対談を終えるにあたって、最後に一言、読者のみなさんに伝えたい言葉があります。

「行動するのが一番ですよ！」

日本「集団主義的秩序」と米「楽観主義の均衡」

山岸　いまのメアリーの言葉を聞いて、とても複雑な気持ちになっています。なぜかって言うと、一方ではメアリーの考え方に全面的に賛成なんだけど、もう一方では、「だけど、そんなことを言ったって……」という気持ちが残るからです。

アメリカに住んでアメリカで暮らしているのなら、「ほかの人がどう思うかを気にするのはやめにしましょう」と言うのは簡単です。アメリカに住んでいなくても、いざというときには日本を脱出できると思っている人にとっても、そう言うのは簡単です。だけど、そういうオプションを持たない人にとって、それがどれほど大変なことか。

「ほかの人がどう思うかを気にするのをやめにする」ためには、二つのことが必要なんですね。

一つは気持ちの持ちよう。日本人は他人からどう思われるかを気にしすぎだから、考え方を変えないといけない、という立場です。そんなことをしていると、これからの社会では困ることになるんだから、そんな考え方にこだわるのはやめましょうという立場。

こうしたアドバイスが意味がないわけじゃない。ぼく自身、アメリカから戻ってきてからずっと、「他人からどう思われるか」という圧力と闘ってきたと思っています。「他人からどう思われるか」を気にしていたら、決して独創的な研究はできないと信じているので、そうした圧力に抵抗するためにいろいろな方法を試してきた。

例えば、日本に帰ってすぐ、教授会にタンクトップで出席したのも、実はそうした理由からなんです。その当時は、ぼく以外の教授たちは全員ネクタイを締めていました。教授会にはちゃんとした格好で出席しないといけないという無言の圧力があった。だから、教授会にタンクトップで出席するというのは、そうした圧力に抵抗できるように自分自身を鍛えるために、自分自身に課した一つの訓練だったんです。

そんな圧力に負けるような気持ちを持っていたら、通説に真っ向から対立する独創的な研究なんてできるわけがない。ほとんどの学者仲間が受け入れている考え方にそって、ちょっと違うだけの平凡な研究をするようになってしまう。本気でそう思っていました。今でも本気でそう思っています。

だけど重要なのは、「ほかの人にどう思われるかを気にしない」でとる行動は、気持ちの持ちようですむ話ではないということ。ほかの人にどう思われるかによって、ほかの人にどう扱われるかが決まってくるわけだから。

だから、「ほかの人にどう思われるかを気にしない」ということは、気持ちの持ちようですむ話ではなくて、それができるためには、ほかの人に嫌われても生きていける途《みち》を持っている必要がある。これが、二つ目の点です。

アメリカ社会は、ふつうの人にもそういう途が開かれている社会だと思う。だけど日本の社会は、一部の特殊な人を除いて、ふつうの人にはそうした途が開かれていない。だから、いくら「気にしない」でいたいと思っても、気にしないわけにはいかない。

こう考えると、メアリーの言うような生き方をふつうの日本人ができるようになるためには、気持ちの持ちようを変えるように一人ひとりの日本人にアドバイスをするだけじゃダメで、そうしたアドバイスを受け入れたときに、それがネガティブなかたちで自分に跳ね返ってこない社会を作る必要がある。

そのためにどうしてもしなければならないのは、集団主義的な秩序が与えてくれる安心をあきらめること。そうした安心をあきらめ、もっと普遍的な秩序を作るようにならないと、ほかの人から嫌われるリスクが大きすぎる。だから誰もリスクをとろうとしないし、プリベンション志向の生き方をするようになってしまう。

これと関係していることですが、本書の最後になって、対談の内容について気になったことが一つあります。それは、私たちの対談が、ただ「ポジティブシンキング」を奨励しているだけのように思われてしまうのではないかという点です。ぼくがメアリーの考えに全面的に賛成しながら、アメリカ人と日本人の生き方の違いを気持ちの持ち方の違いとしてとらえるべきではないと強調しているのもそのためです。気持ちの持ち方の問題だと言ってしまえば、結局は楽観主義＝ポジティブシンキングを勧めていることになってしまうからです。

『ニューヨーク・タイムズ』のコラムニストを務めているバーバラ・エーレンライクさん

は、『ポジティブ病の国、アメリカ』（中島由華訳、河出書房新社）の中で、アメリカ人の楽観主義がたんなる個人的な人生観の枠を越えて、一つのイデオロギーとなってしまっていることを指摘しています。つまり、楽観主義であることを強制されているとか、楽観主義でないと不安になってしまうという。

ぼくは対談の中で「集団主義的秩序」という言葉を繰り返し使っています。そうした秩序が生まれてしまっている場所では、一人ひとりの個人がいくら自分らしい生き方をしたいと思っていても、そうできなくなってしまう。それと同じ意味で、アメリカ人は「楽観主義の均衡」に陥ってしまっているのかもしれない。いくら内省的な生き方をしたいと思っても、まわりがそうさせてくれない。メアリーが最初に日本に来てほっとしたのも、そうしたアメリカ的な生き方の強制から抜け出すことができたからじゃないかと思う。

たいせつなのは、一人ひとりの生き方は、私たちが生きている社会（＝秩序、均衡）の中では、個人の気持ちの持ち方一つで変えることができないことを理解すること。だけど、同時に、そうした社会（＝秩序、均衡）のあり方は、社会についてのみんなの常識が変われば変化するものだということを理解することだと思います。

ぼくもメアリーの真似をして、最後に一言、読者のみなさんに。日本人にもアメリカ人にも。

「社会だとか文化だとか、自分を外から縛りつけているように見えるものは、すべてみんなで寄ってたかって作り出している幻想なんだ。だけど、幻想はみんなが信じているかぎり現実を生み出し続ける。だから、みんなで『王様は裸だ！』と叫ぼうじゃないか」

講談社現代新書　2073

リスクに背《せ》を向《む》ける日《に》本《ほん》人《じん》

二〇一〇年一〇月二〇日第一刷発行

著　者　山《やま》岸《ぎし》俊《とし》男《お》＋メアリー・C・ブリントン

発行者　鈴木　哲

発行所　株式会社講談社

東京都文京区音羽二丁目一二—二一　郵便番号一一二—八〇〇一

電　話　出版部　〇三—五三九五—三五二一

販売部　〇三—五三九五—五八一七

業務部　〇三—五三九五—三六一五

装幀者　中島英樹

印刷所　凸版印刷株式会社

製本所　株式会社大進堂

定価はカバーに表示してあります　Printed in Japan

N.D.C. 361.3　268p　18cm
ISBN978-4-06-288073-2

「講談社現代新書」の刊行にあたって

教養は万人が身をもって養い創造すべきものであって、一部の専門家の占有物として、ただ一方的に人々の手もとに配布され伝達されうるものではありません。

しかし、不幸にしてわが国の現状では、教養の重要な養いとなるべき書物は、ほとんど講壇からの天下りや単なる解説に終始し、知識技術を真剣に希求する青少年・学生・一般民衆の根本的な疑問や興味は、けっして十分に答えられ、解きほぐされ、手引きされることがありません。万人の内奥から発した真正の教養への芽ばえが、こうして放置され、むなしく滅びさる運命にゆだねられているのです。

このことは、中・高校だけで教育をおわる人々の成長をはばんでいるだけでなく、大学に進んだり、インテリと目されたりする人々の精神力の健康さえもむしばみ、わが国の文化の実質をまことに脆弱なものにしています。単なる博識以上の根強い思索力・判断力、および確かな技術にささえられた教養を必要とする日本の将来にとって、これは真剣に憂慮されなければならない事態であるといわなければなりません。

わたしたちの「講談社現代新書」は、この事態の克服を意図して計画されたものです。これによってわたしたちは、講壇からの天下りでもなく、単なる解説書でもない、もっぱら万人の魂に生ずる初発的かつ根本的な問題をとらえ、掘り起こし、手引きし、しかも最新の知識への展望を万人に確立させる書物を、新しく世の中に送り出したいと念願しています。

わたしたちは、創業以来民衆を対象とする啓蒙の仕事に専心してきた講談社にとって、これこそもっともふさわしい課題であり、伝統ある出版社としての義務でもあると考えているのです。

一九六四年四月　野間省一

日本語・日本文化

105 タテ社会の人間関係 中根千枝
293 日本人の意識構造——会田雄次
444 出雲神話——松前健
1193 漢字の字源——阿辻哲次
1200 外国語としての日本語——佐々木瑞枝
1239 武士道とエロス——氏家幹人
1262 「世間」とは何か——阿部謹也
1384 マンガと「戦争」——夏目房之介
1432 江戸の性風俗——氏家幹人
1448 日本人のしつけは衰退したか——広田照幸
1551 キリスト教と日本人 井上章一
1618 まちがいだらけの日本語文法 町田健
1738 大人のための文章教室 清水義範
1878 茶人たちの日本文化史——谷晃
1889 なぜ日本人は劣化したか——香山リカ
1928 漢字を楽しむ——阿辻哲次
1935 中学入試国語のルール 石原千秋
1943 なぜ日本人は学ばなくなったのか——齋藤孝
1947 落語の国からのぞいてみれば——堀井憲一郎
2006 「空気」と「世間」——鴻上尚史
2007 落語論——堀井憲一郎
2013 日本語という外国語 荒川洋平

『本』年間予約購読のご案内
小社発行の読書人向けPR誌『本』の直接定期購読をお受けしています。

お申し込み方法
ハガキ・FAXでのお申し込み　お客様の郵便番号・ご住所・お名前・お電話番号・生年月日(西暦)・性別・ご職業と、購読期間(1年900円か2年1,800円)をご記入ください。
〒112-8001　東京都文京区音羽2-12-21　講談社 読者ご注文係「本」定期購読担当
電話・インターネットでのお申し込みもお受けしています。
TEL 03-3943-5111　FAX 03-3943-2459　http://shop.kodansha.jp/bc/

購読料金のお支払い方法
お申し込みをお受けした後、購読料金を記入した郵便振替用紙をお届けします。
郵便局のほか、コンビニエンスストアでもお支払いいただけます。